方志讲堂集萃 第四辑

打造新时代英雄城市

武汉市地方志编纂委员会办公室 编

武汉出版社

（鄂）新登字08号

图书在版编目（CIP）数据

方志讲堂集萃.第四辑,打造新时代英雄城市 / 武汉市地方志编纂委员办公室编；王筱武主编. — 武汉 : 武汉出版社, 2023.12

ISBN 978-7-5582-6405-4

Ⅰ.①方… Ⅱ.①武… ②王… Ⅲ.①方志学—文集 Ⅳ.①K290-53

中国国家版本馆CIP数据核字（2023）第234310号

方志讲堂集萃（第四辑）·打造新时代英雄城市
FANGZHI JIANGTANG JICUI (DI-SI JI) · DAZAO XINSHIDAI YINGXIONG CHENGSHI

编　　者：武汉市地方志编纂委员会办公室
主　　编：王筱武
责任编辑：杨　振
助理编辑：王　超
封面设计：吴　震
出　　版：武汉出版社
社　　址：武汉市江岸区兴业路136号　　邮　编：430014
电　　话：(027)85606403　　85600625
http://www.whcbs.com　　E-mail: whcbszbs@163.com
印　　刷：武汉市机关文印中心　　经　销：新华书店
开　　本：787 mm×1092 mm　　1/16
印　　张：16.75　　字　数：250千字
版　　次：2023年12月第1版　　2023年12月第1次印刷
定　　价：68.00元

关注阅读武汉
共享武汉阅读

版权所有·翻印必究
如有质量问题，由本社负责调换。

《方志讲堂集萃（第四辑）·打造新时代英雄城市》编委会

主　任：王筱武
副主任：王勇祥　吴明堂
委　员：张　俭　万学洪　张　昀
　　　　张　均　汪幸美

《方志讲堂集萃(第四辑)·
打造新时代英雄城市》编辑部

主　　编：王筱武
副 主 编：王勇祥　吴明堂
执行主编：张　昀　陈　迟　杨　美
文稿整理：陈　迟　杨　美　邹　璇
　　　　　何黎明　刘　阳

目 录

- I 前 言
- 1 大禹导汉入江及武汉市形成研究/程涛平
- 33 屈原与武汉/任 蒙
- 49 传承岳飞文化，弘扬岳飞精神/孙君恒
- 65 英雄城市 百年荣光
  ——党的百年奋斗史上的武汉贡献/宋 健
- 111 英雄城市武汉的抗洪精神/王汗吾
- 149 武汉：英雄城市的历史和开端/罗福惠
- 173 大革命时期的武汉/田子渝
- 187 社会主义建设时期的英雄武汉/方耀强
- 213 1938：英雄城市——武汉/李明强
- 231 从城市精神看武汉英雄品格/张笃勤
- 255 后 记

前　言

2020年春天，武汉以壮士断腕的勇气封一座城、护一国人，为抗击新冠肺炎疫情赢得了战略主动。习近平总书记盛赞："武汉是英雄的城市，武汉人民是英雄的人民。""英雄城市"成为武汉的又一个代名词。

武汉从古至今都是当之无愧的英雄之城。在遥远的上古时代，大禹带领民众赤手空拳与泛滥的洪水作斗争，历经千难万险，最终导汉入江，为武汉城市的形成奠定了基础；夏商先民筚路蓝缕，修建盘龙古城，开启武汉城市文明的源头；在悠久深远的古代史上，有旷世才子屈原行吟泽畔，有楚人"不服周"和"三户亡秦"的铮铮铁骨，有一代枭雄孙权筑城夏口，有爱国将领岳飞屯兵武昌……武汉九省通衢的先天优势使其成为华中要塞，历经兵燹和自然的洗礼，依旧云起龙襄，立地擎天；到血泪交融风云变幻的近代，张之洞"整顿乾坤"，"缔造江汉"，武汉脱胎换骨，凭借商业和重工业发展领衔全国，蜚声国际；武昌起义一声枪响，点燃推翻封建帝制的燎原烈火，吹响共和诞生的嘹亮号角，武汉"首义之城"名下无虚！

经年的锻造，打磨了英雄城市的底色；历史的机遇，激活了英雄城市的基因。在赤胆忠心、浴血奋战的革命年代，武汉是马克思主义最早在中国传播的主阵地之一，是第二个成立中共早期组织的城市，在荆楚大地广泛撒播革命火种；1927年国民政府由广州迁至汉口，武汉成为火热的"赤都"，是中国大革命的中心；中共五大在此召开，"八七"会议秘密进行，中共领导人在武汉挽救党和革命，探索道路方向；抗日战争伊始，武汉被誉为"战时首都"，成为国际瞩目焦点、全国抗日运动中心和第二次国共合作重要舞台，"保卫大武汉"的歌声响彻云霄。

伴随着武汉解放和新中国的成立，了不起的武汉和武汉人民又以战天斗地的精神开启了自力更生、艰苦奋斗的城市建设新征程。"武字头"企业雨后春笋般拔地而起，万里长江第一桥横空出世，武汉成为新中国重要的工业基地和综合交通枢纽。在改革开放的春风吹拂下，武汉以非凡的勇气和敏锐的目光紧紧抓住全国经济体制综合改革试点城市和第一家计划单列省会城市等重大战略机遇，建立经济技术开发区，发展社会主义市场经济，多项改革创全国第一，诞生了"天下第一街"、第一位洋厂长、第一支异地上市商业企业股票等——这是"敢为人先、追求卓越"城市精神的最好注解。1992年，武汉作为邓小平发表南方谈话的第一站，从此成为改革开放的急先锋，毅然承担起全国经济体制综合改革试点、"两型社会"综合配套改革试验区、国家自主创新示范区、国家全面创新改革试验区等一大批国家级改革试验任务，中部崛起、长江经济带等多项国家战略在武汉交汇叠加。武汉向全国推出了一系列具有开创性的改革模式和实践经验，一次次成为改革开放的试验田和风向标。1998年，英勇的武汉人民继1954年后又一次战胜了长江流域百年罕见的特大洪水。直到2020年抗击疫情，武汉在几千年来历史的关键节点中从不缺席，从不退缩！

2021年，奋力打造实力雄厚、创新涌动、文化繁荣、民生幸福、生态宜居、治理高效的"新时代英雄城市"被写入中共武汉市第十四次代表大会报告。在新时代大背景下，武汉的英雄品格被赋予了新的内涵和意义，武汉人民奋进新征程的斗志被进一步激发。奋进新征程，武汉将充分彰显新时代英雄城市的能级、品质和形象，锚定国家中心城市、长江经济带核心城市总体定位，坚决扛起中共湖北省委赋予的"一主引领"重大责任，加快建设"五个中心"，为奋力谱写社会主义现代化国家武汉篇章不懈奋斗奠定坚实基础。

为贴近中共武汉市委、武汉市人民政府的中心工作，更好地履行地方志"存史、资政、育人"职能，武汉市地方志编纂委员会办公室于2022年推出以"打造新时代英雄城市"为主题的方志讲堂系列讲座，邀请学界相关专家学者，围绕英雄城市的形成、英雄人物的涌现、不同历史时期武汉的英雄作为等方面进行深刻解读，力求深入挖掘新时代英雄城市历史，阐释新时代英雄城市内涵，弘扬新时代英雄城市精神，为打造新时代英雄城市建言献策。《方志讲堂集萃（第四辑）·打造新时代英雄城市》即根据此次系列讲座的内容和时间顺序整理辑录而成，力争为奋力打造新时代英雄城市贡献一份方志力量。

大禹导汉入江及武汉市形成研究

程涛平，历史学博士，2022年5月入选湖北省第六批省级非物质文化遗产代表性传承人名单。历任武汉市发展和改革委员会委员、武汉市政府第六届决策咨询委员会委员、武汉市楚文化学会常务副会长、湖北省楚国历史文化学会副会长、湖北省屈原学会副会长、武汉市新四军研究会副会长、武汉诗词楹联学会副会长、武汉市人民政府文史馆文化院院长等职。曾主编大型系列图书《楚文化知识丛书》，先后撰写了《楚国农业及社会研究》《再现楚国》《重阳节与楚文化》《楚史研究》《楚国通史》等著作。退休后专注于荆楚文化研究，其《先楚史》一书获2017年度国家出版基金资助，被誉为"荆楚文化的探源之作"。为大禹神话园的规划设计、启动建设工作提供了大量历史资料和重要意见建议。在商代史和近现代史、党史研究领域发表论文数十篇。

扫码观看视频

在中国妇孺皆知的大禹治水的故事,到底是神话传说还是确有其事,一直是中国历史上的千古之谜。战国时期的大诗人屈原在《天问》中表达了他对治水英雄鲧、禹父子的赞颂:

……不任汨鸿,师何以尚之?佥曰何忧,何不课而行之?鸱龟曳衔,鲧何听焉?顺欲成功,帝何刑焉?永遏在羽山,夫何三年不施?伯禹腹鲧,夫何以变化?纂就前绪,遂成考功。何续初继业,而厥谋不同?洪泉极深,何以寘之?地方九则,何以坟之?应龙何画?河海何历?鲧何所营?禹何所成?……

后世所作禹的画像

屈原的《天问》以提问的形式把中国的神话传说记载了下来,它对中国神话史研究具有重大价值。诗中提到大洪水的到来和上古时代鲧、禹父子接力治理大洪水的故事。许多人对传说时代的内容提出质疑,这些传说是真实存在过的吗?后来孔子整理了春秋晚期到战国时期诸子百家留下的很多关于传说时期大禹的珍贵资料，司马迁在《史记》中对传说时代的资料也进行了整理，这些都是我们做研究可以利用的宝贵材料。今天我要告诉大家，"大禹治水""导汉入江"不是神话传说，在中国历史上确有其事。

一、新石器时代大洪水确实存在，洪水过后江汉流域出现大面积淤塞

根据《尚书》《国语》《墨子》《孟子》《史记·夏本纪》等大量文献的记载，尧、舜、禹时期发生了洪水灾害。一个被称为"禹"的部落首领由于治水成功而获得各部落的拥戴，被敬称为"大禹"，他在继尧、舜之后而成为虞、夏部落联盟的首领，并建立了中国第一个王朝——夏朝，标志着中国古代文明即早期国家的诞生。

大禹治水一直是历史学、考古学、地质学、地理学、天文学等诸多学科共同关注和研究的重要课题之一。我从许多自然科学家的论著中找到了依据。

马新、齐涛在《中国远古社会史论》里提出了这样的看法：在距今约10万年到1.5万年的大理冰期结束后，全球气温开始回升。距今9000年前，中国大部分地区的气温比冰期最低点回升了差不多16℃。气温上升，冰盖和冰川迅速融化，多年冻土带北撤，空气中的水分蒸发量上升，江河水量急剧增大，海平面也开始回升。这并非中国独有的现象，地球上大部分在冰河时代形成的新陆地，都在海平面回升的过程中重新变成大海，例如，地中海平原、波斯湾平原、北海平原等海区的海洋考古都有史前

遗址的发现。海水的上涨，并不会像水注入水缸一样平稳上升，而是会产生不稳定的涌动，造成水面急剧变化，而各个地方的河道承受能力有限，所以经常在局部发生特大洪水。

《尚书·尧典》中讲到史前大洪水："汤汤洪水方割，荡荡怀山襄陵，浩浩滔天。下民其咨，有能俾乂？"大洪水来了，平原被淹没了，房舍、财产被洪水吞噬，人口和牲畜大量死亡。洪水泛滥，人们只有躲上高地，到处漂流。这证明那场洪水的确不小，让先民们陷入空前的灾难中。

还有许多古文献也有关于史前大洪水的记载。例如，《诗经·商颂·长发》中说："浚哲维商，长发其祥。洪水芒芒，禹敷下土方。"《孟子·滕文公上》中言："当尧之时，天下犹未平，洪水横流，泛滥于天下，草木畅茂，禽兽繁殖，五谷不登，禽兽逼人，兽蹄鸟迹之道交于中国。"《孟子·滕文公下》亦言："当尧之时，水逆行，泛滥于中国，蛇龙居之，民无所定。下者为巢，上者为营窟。《书》曰：'洚水警余。'洚水者，洪水也。"《史记·夏本纪》记载："当帝尧之时，鸿水滔天，浩浩怀山襄陵，下民其忧。"《尚书·洪范》旧传为箕子向周武王陈述的"天地之大法"，其中有："箕子乃言曰：'我闻在昔，鲧堙洪水，汩陈其五行。帝乃震怒，不畀洪范九畴，彝伦攸斁。鲧则殛死，禹乃嗣兴，天乃锡禹洪范九畴，彝伦攸叙。'"

我还查证了一些少数民族的历史记载。在中国西南地区很多少数民族的创世传说中，也都有关于大洪水的传说。纳西族的《创世纪》、土家族的《摆手歌》、仫佬族的《洪水滔天》、彝族的《洪水纪略》中，都有着洪水灭绝了人类和世间万物、只留

下一对男女重新繁衍后代的惊人相似内容。著名学者费孝通在《中华民族多元文化一体格局》中也谈到了这个现象。这为我们研究大禹提供了重要理论依据。所以史前时期的大洪水是存在的,有了洪水才会有后面大禹治水的故事。

有位叫周凤琴的学者根据不同时期古遗址的变化,探讨了荆江近5000年来洪水位的变化,认为距今5000年到4000年期间,荆江洪水位比1954年低13.6米。以此推算出当时荆江洪水位沙市段为30.65米、监利段为22.69米等。这就告诉了我们长江中游的情况。武汉处于长江中游,江、汉交汇之处,研究大禹治水必须要了解上游的情况,一定要在前人自然地理研究的基础上发掘材料。

现在经常争论长江文明和黄河文明到底哪个更早一些。我们总说黄河是"中华文明的摇篮",而不这样说长江文明。但谈到史前文明时恰恰相反,长江流域的文明远远早于黄河流域的文明。现在地面上还能找得着的传说时期新石器时代的那些古城,基本上都分布在长江流域,黄河流域发现得很少,在数量和质量上都不能和长江流域的相比。这无法辩驳的事实使长江文明研究有了底气。从考古的成果来看,在新石器时代,长江文明超过了当时的黄河文明。夏朝以后,文化的重心才慢慢转移到黄河流域。

长江中游的古城恰好都出现在多洪水期的大溪文化、屈家岭文化和石家河文化早中期。这绝不是偶然现象,应该与升温期相伴而来的洪水相关。考古工作者在八十垱遗址也找到了证据。距今8000年前,八十垱是一个较大的环壕聚落,稻作农业非常发达，但是后来因洪水而废弃了。其证据就是，考古工作者在八十垱遗址城背溪文化的地层上发现了一层较厚的淤积层。后人吸取了前人的惨痛教训，修建城垣来应对洪水，从而造就了长江中游的古城。因为长江流域的洪水特别多，修建这些古城的首要目的就是抵御洪水。在"治水"以前，最初只能用"堵"的方式，修筑堤防，保卫人的安全。修筑圆形的堤防，保护人不被洪水侵袭，这就是"城"了。所以长江流域的古城就是大洪水时期的遗迹。

二、鲧、禹父子治水各有千秋，功在接力，兼顾南方

鲧、禹父子治水的时代不一样。在鲧的时代是洪水刚起，只能用"堵"这一个办法。文献记载他用过很多办法。"鲧"不是一个单独的人，而是一个氏族集团。这个部落属于古老的羌民族。传说羌民族发源繁衍于西北高原，地处湟水流域、黄河河曲和洮河、岷江、涪江、嘉陵江的上游。这些地方常有水患发生，为了人畜的安全，他们和水患做了长期艰苦的斗争，积累了许多宝贵的治水经验，培育了许多治水能人，从上古的大禹、古蜀的望帝杜宇、丛帝鳖灵到后来的二郎与李冰等等。

在汉阳江滩有一个大禹神话园。2005年，武汉市人民政府成立新区指挥部，由我任副指挥长，抓新区的文化建设。在长江、汉水的夹角地带，再加上环线，那一块"三角蛋糕"就是武汉新区，正好是大禹治水的重点区域。所以我提出修建大禹神话园，重点表现鲧、禹两代人治水的场景：用四块浮雕描绘了鲧遭受水患、领命治水、治水失败被天帝处死以及大禹降生等不同时期的场景。大家有机会可以去看看。

位于汉阳江滩的大禹神话园

大洪水来了,需要派得力的人去治理。尧召开部族会议,讨论治水的人选,部落首领都推荐有治水传统和经验的夏族首领鲧去主持治水大事。在大洪水初期,鲧治水的重点是"堵"。神话里称他是用"息壤"。鲧在接受治水任务的时候,不知如何是好,猫头鹰和乌龟告诉他天帝那儿有个宝物"息壤",让他去偷过来。鲧偷来息壤后,抓起土壤往地上一丢,地上就出现一个山丘,成为堤防把水堵住。一开始是把水给挡住了,但是越挡水升得越高,水逐渐漫过了堤防,治水失败了。天帝要处死鲧,鲧不服气,怒目苍天。他认为自己没日没夜地治水,从未有过一天懈息,却要被处死。传说鲧死了之后,尸身三年不腐。天帝想,怎会有如此怪事,就派大臣拿刀将其腹部剖开,没想到从他肚子里蹦出来一个孩子,就是大禹。

大水依然没退,还得继续治水。大禹长大后也一直在研究治水的问题,并多次表示,自己的父亲治水的方法错了,不能一味地堵，而是要疏。这话传到天帝耳朵里，天帝认为此人不但没有怀恨在心，还在继续研究治水的办法，可堪大任。于是又派大禹继续治理洪水。

三、大禹攻破三苗国都石家河城，取得南方治水权

一般神话里说的大禹治水仅指治理洪水，但我认为其中还有更深层次的含义。看起来是治水，其实是取得南方的治水权。当时各氏族以动物作为图腾代表，各据一方。大禹每到一处治水，都需与当地氏族交涉，协商不当的不仅无法治水，还会引发战争，只有征服当地才能继续治水。所以大禹其实是在两条战线作战：他既要治水，还要征服南方桀骜不驯的三苗部族。

这个观点是我将神话传说与古代文献、湖北地区的考古成果相结合而得出的。诸子百家中的《墨子》有相关文献详细记载了大禹是怎样攻下三苗都城并取得治水权的。在同样的方位，考古学家们在湖北天门发现了石家河城。新的考古成果加上新出土的楚简，文献与历史遗迹的考古成果结合起来，我们才能有根据地说：大禹带领大军从黄河流域南下攻破三苗的都城石家河城，占领了江汉流域和长江中下游地区。

当时，江汉地区最主要的部族是三苗。三苗是中国传说中黄帝至尧舜禹时代的古族名，又叫"苗民""有苗"，主要分布在洞庭湖和鄱阳湖之间，都城位于石家河城。三苗部族在南方势力极大，且从来不服尧、舜的管辖，部族之间的冲突战争很激烈。天帝要求下辖的部族进贡，三苗却拒绝进贡。大禹要到江汉地区来治水，势必与三苗部族发生冲突。

位于湖北省天门市石家河镇的石家河遗址

我将大禹攻占三苗的过程归纳为六个阶段。

第一阶段是禹突然得到石家河城有内乱迹象的消息,大军开到石家河城下,包围了石家河城。《墨子》中写道:"昔者有三苗大乱,天命殛之,日妖宵出,雨血三朝,龙生庙,犬哭乎市,……五谷变化……"就是说城内谣言四起,乱象丛生,有人大白天看见妖怪,天空一连三天突然下起带血的雨,祖庙中出现了龙,吓得谁也不敢去祭祀,街市上的狗无缘无故地狂吠乱叫,叫得人心中恐惧。国都外面的庄稼也出现了异常。老百姓纷纷说这些都是不祥之兆,是老天爷要灭亡三苗了。满城人心惶惶。墨子将三苗国都被禹攻下之前的状况记述得非常详细。禹见状大喜,赶快联络以鸟为图腾的东夷部落出兵相助,发动对三苗国的进攻。军队集结之后,禹召开誓师大会,宣称自己得到上天的指令,替天行道,讨伐三苗。出师前在高阳氏留下的神宫中,由其继任者主持隆重的受命仪式。当时雷电大作,似乎得到了天帝的认可,南正重的继任者、代表东方之神勾芒的巫长执丕参加了典礼。随后大军浩浩荡荡地出发了。不数日,大军将三苗国都石家河城团团围住。战争一触即发。

第二阶段是三苗大军和大禹的军队对阵。三苗国君见禹的大军到了,端坐在位于城中制高点的大殿,不慌不忙,调兵遣将,分头把守,以逸待劳,任凭禹的军队潮水般地进攻,三苗依托护城河和城墙,总是能御敌于国门之外。禹的军队死伤无数,数日过去,依然攻不下。战事呈现胶着的状态。

第三阶段,禹见三苗依赖城坚池深,坚守不出,一时无计可施。拖了好多天,局面依然没有变化,三苗的防守非常严密,完全无隙可乘。禹骑虎难下,萌生退意,犹豫不决。

到了第四阶段,战事正在僵持中,一时风云突变,大雨倾盆,电闪雷鸣,石家河城周边的河流顿时暴涨,汹涌澎湃,把禹的军队冲得七零八落,士兵们在暴雨下苦苦支撑,牢骚满腹。

第五阶段,禹见军心浮动,心中发慌,急令部将收拢部队,准备撤退。各路人马在雨中人喊马嘶,乱作一团。正在乱得不可开交的时候,突然几声闷雷,天空闪现蓝光,士兵们感到大地出现明显的颤动,有人高喊"地震了"!只见石家河城的东北角城墙与岗地"土城"的接合部,突然发出震耳欲聋的响声,大段城墙发生坍塌,一条原被城墙挡住的河流,从北向南,直冲豁口,霎时间穿城而过,又冲垮南垣,硬生生地将偌大的石家河城隔成两半。

第六阶段,禹见城墙坍塌,大喜过望,即令大军冲进豁口,尽量使用弓箭远距离杀敌。士兵们顾不得水深浪急,手持弓箭,涉水前进，见到三苗士兵便开弓劲射。此时的石家河城已是一片泽国，三苗守城士兵与满城百姓各自逃命。三苗国的宫殿居于全城正中的高地上，三苗国君对全城惨状一览无余，禁不住连连顿足，高呼：此乃天亡我也！在众大臣的苦劝下，仓惶逃命。谁知冤家路窄，迎面碰上禹军的神射手，一箭射来，登时毙命。余众见国君已死，纷纷投降。

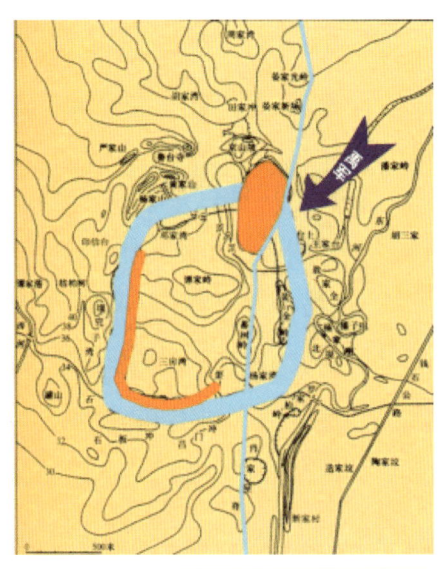

石家河古城遗址分布图（源自马世之《中国史前古城》，湖北教育出版社2003年，第85页）

这次战争，由于三苗出现了内乱和天灾地震，加上禹在战前做了充分的准备，并且联合了东夷部落进行协助，最终攻下石家河城，使中原部落获得了彻底胜利。三苗部族战败后，余众照例要被驱散或迁往远方，有的作为俘虏被押送到西北，有的顺着汉江往下游逃跑，来到了后来的盘龙城处。到了商朝，第九任商王

把三苗的后裔荆蛮赶走，建立了盘龙城。这应当就是汉水流域在石家河文化之后文化中断的原因。禹的年代大约在石家河文化晚期到二里头时期，正好与汉水中上游石家河文化消失中断的时间一致。

说完大禹攻下石家河城以后，我们转入正题——大禹是怎样导汉入江的。

四、大禹疏通汉水和长江，意在治理云梦泽和彭蠡泽

大禹攻破三苗都城石家河城，驱赶了三苗，占领了长江中下游，继而平定天下，划天下为九州。之后他的主要精力就从治理黄河转移到治理长江流域，其重点是云梦泽和彭蠡泽。之所以称为"泽"，就是因为洪水期排水不畅，淤积形成了"泽"。

《尚书·禹贡》真实披露了大禹治水的路线，反映了大禹治水在各个地区的具体目标。由于《尚书·禹贡》的原文非常晦涩难懂，这里使用通晓的白话文进行讲述：

从嶓冢山开始疏导漾水，向东流成为汉水；又向东流，成为沧浪水；经过三澨水，到达大别山，向南流进长江。向东，汇集为彭蠡泽；再向东，成为北江，流进大海。

从岷山开始疏导长江，向东另外分出一条支流称为沱江；又向东到达澧水；经过洞庭湖，到达东陵；再向东斜行向北，与淮河汇合；再向东，成为中江，流进大海。

大禹率领众人经过不懈奋斗，终于实现了预定目标：

荆山与衡山的南面是荆州，长江、汉水像诸侯朝见天子一样奔向海洋，洞庭湖的水系大定了。沱水、潜水疏通以后，云梦泽一带可以耕作了……

《尚书·禹贡》的记载，提到了彭蠡泽、云梦泽、洞庭湖，提到了汉水、长江，大禹治水最后的成果都是让水流入了大海。

新发现的竹简也证明，大禹治水使长江中下游的古荆州和古扬州直接受益。上海博物馆藏战国竹简《容成氏》简22—28叙述了很多禹治理长江中下游水患的事迹：

> 禹乃通三江五湖，东注之海，于是乎荆州、扬州始可处也。……禹乃从汉以南为名谷五百，从汉以北为名谷五百。

这些竹简的记载证实了《尚书·禹贡》等古文献的记载是真实的，两者互相印证，充分说明大禹治水是从宏观入手，立足于彻底根治江汉流域的水患。最终导致了长江中下游云梦泽、彭蠡泽的消失，洞庭湖水系的形成，汉水与长江水向东畅流，奔腾入海。江汉流域和长江中下游的先民过上了安定的生活。

《水经注》记载了中国古代知名江河的历史变迁，不仅包括自然方面，也包括人文方面的内容。湖北学者杨守敬专门研究《水经注》，为其作疏，补充了大量资料，使我们更深刻地了解该书的内容。《水经注疏》中也详细记载了大禹治水的历史。

古荆州、扬州、徐州，即今湖北省及其以东的长江流域和淮河流域，是大禹治水经常巡视、实施重点工程的地区。《孟子·滕文公上》称禹曾"决汝、汉，排淮、泗，而注之江"，概要地说明了禹在这一地区的治水工作。《吕氏春秋·音初》云："禹行功，见涂山之女。禹未之遇，而巡省南土。"涂山，在今安徽省蚌埠市西的淮河南岸。然则禹"巡省南土"，更到达长江下游一带。《淮南子·精神训》记："禹南省，方济于江，黄龙负舟。"郦道元《水经注》述:"龙巢,地名也。昔禹南济江,黄龙夹舟……故水地取名矣。"所谓"黄龙",不过是罕见的大鱼。龙巢在今湖南省华容县和湖北省监利县之间,可见大禹又在长江中游一带巡省。《巫山县志》记:"斩龙台,治西南八十里;错开峡,一石特立。相传禹王导水至此。"从上述禹经常巡省的路线来看,他治水到达长江三峡地区,是完全有可能的。《水经注·庐江水》又记庐山有"大禹刻石":"昔禹治洪水至此,刻石纪功。"从《禹贡》"彭蠡既猪"、《吕氏春秋·爱类》称禹为"彭蠡之障",即整治今鄱阳湖来看,大禹治水到达江西庐山,也应该是事实。《郯城县志》载:"沭水在郯城境者,其北循马陵山东,因势为山阻,大禹凿山二十丈,穿峡而过。"郯城地属古徐州东部。大禹曾导淮、泗、沂等水,进而治理附近的沭水,也在情理之中。再加上宋代的《禹迹图》将大禹治理过的河道再现,大禹治水的证据已经非常充分了。

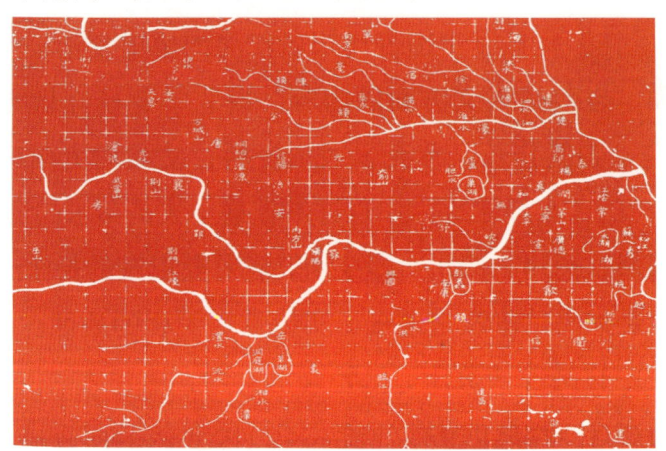

禹迹图(局部),原图绘于北宋元丰三年(1080年)至绍圣元年(1094年)之间,南宋绍兴六年(1136年)刻石,现藏西安碑林。(源自《武汉市地图集》,中国地图出版社2015年,第42页)

我讲到这里,使大家有了一个笼统的概念,就是在中国历史上确实发生过大洪水,为了治理大洪水,出现了鲧、禹这两位代表人物。大禹治水是先经过政治军事斗争,征服三苗部族,攻下石家河城,才取得治水权进行治水的。之后大禹领导人民用简陋的工具,经过异常艰辛的劳动,开辟了治水的新局面。

传说时代的大洪水是世界性的,比如《圣经》中也记载了洪水到来使用挪亚方舟避难。而中国在洪水来临时是直面困难,鲧、禹父子接续抗洪,中华民族面对灾难时的抗争精神与世界其他民族的不同之处可见一斑。

五、大禹导汉水从龟山东入江并疏通沙洲,实现"江汉朝宗"

大禹和武汉最重要的关系,就是他选择以今天的龟山东作为一个主入江口,将汉水引进了长江。

汉水的入江口是我们研究的重点。我在武汉新区指挥部工作的时候,发现汉水的地势要比长江高几米。在汉阳琴断口有个水闸,就是用于放汉江的水。当时建设新区需要疏通新区的河道,河道里都是淤积的死水。我们开会研究决定把琴断口的水闸打开,让水慢慢地流入长江。后面检查河道疏通的情况时,我还以为是要把水抽进来,结果别人说汉江的地势较高,水会自然流入长江的。所以汉水入江口靠的就是地势差让汉水自流。在新石器时代,汉水靠的就是自然的慢流,多条河流呈扇形往长江流。集中到现在汉口一带,特别是龟山附近就是靠自流。关于汉水究竟是自然的流动还是靠人为引导流动,在不同时代的文献里都有记载。

关于大禹选定入江口的文献,最古老的可追溯至《尚书》。后来考古发现西周铜器中的铭文和《尚书》内容一致,将《尚

书》的成书年代提前到西周。武汉学者蔡述明有篇文章《跨江南北的古云梦泽说是不能成立的》，详细地讲了汉江是怎样从龟山东麓入江的，有很高的学术价值，论证了《尚书·禹贡》中汉水入江内容的真实性。

《尚书·禹贡》记载，夏代荆州到中原的贡道是"浮于江、沱、潜、汉，逾于洛，至于南河"。拙著《先楚史》中解释了夏王朝的国都在"南河"，即黄河自潼关东流的一段附近，长江中游古荆州地区的贡品要送到夏王朝，主要依靠水路，由长江、沱江、潜江、汉水等水路分别起运，按照今天的地图，由汉水支流丹江溯源西北而上，在陕西境内的商洛市商州区又有北向支流大荆川，与洛南县洛源镇附近的洛水上游隔岭相邻，"逾"即陆行，有几十里路。再经一段陆路入洛水，最终到达黄河至夏朝国都南河。这是夏朝时荆州向夏都运送贡品的通道。《禹贡》中规定贡品由长江中游进入汉水，就是因为有大禹在今天武汉开辟的汉水入江航道。

大禹在今天的武汉地区导汉入江，入江口稳定，这里体现出龟山发挥的作用。山地的岩层比较坚硬，河道便不会迁移，当时的汉江是多路呈扇形入江，唯有龟山北麓口的地形地貌最稳定。大禹就是利用了这一点，在此集中人力开凿河道。

中国科学院地理研究所、水利部长江水利委员会汉江工作队发表的《汉江流域地理调查报告》中提到：从钟祥以下，东至汉口，西迄沙市，南到长江边，都是汉水泥沙堆积的地区。这说明在沿江堤防修筑之前，汉水下游河道常常变迁。该报告通过大量的地质勘察数据论证汉江从现在的入江口入江确实是有道理的。汉江和长江交汇于此，促进了武汉市的形成并推动了地区的发展。大禹打败三苗部族，取得了治水权，继而成功治理了长江、汉水以及江汉流域。大量文献记载证明确有其事，和今天的各项地理调查、地质勘探等方面的调查结论是相符的。所以我们可以认定，现在的汉江入江口是当年大禹率领老百姓利用简陋的工具战天斗地开辟的。

武汉最早的居民是从哪儿来的？现在有一种说法是，盘龙城是武汉城市之根，盘龙城的居民是武汉最早的先民。这个观点没有问题。

但是我现在研究楚国史，谈到武汉居民来源，有文献确切记载。楚国中期有个王叫楚庄王，"春秋五霸"之一，曾经"问鼎中原"，打到了周王朝的国都。《春秋左传·宣公十一年》："冬，楚子为陈夏氏乱故，伐陈。谓陈人无动，将讨于少西氏。遂入陈，杀夏征舒，轘诸栗门……乃复封陈，乡取一人焉以归，谓之夏州"。楚庄王灭陈国（大约在河南周口、淮阳地区），将陈国人口迁移了一部分到江、汉交汇之处，名叫夏州。现在很多学者认为这个地点就是今天武汉市的汉阳区，也就是我前面说的武汉新区。古今学者中，刘文淇、江永、杨伯峻等都支持这个观点。

那么当时迁移过来的人口有多少呢？文献上写着："乡取一人焉以归"。"一人"显然不合常理，我经过考证，认为这句话掉了一个"之"字，应为"乡取一之人以归"，即楚国在陈国抽取一个"乡"的人口到夏州定居。那么一乡的人有多少呢？这个很难求证，我只能从侧面论证。同时期的齐国一个乡有2000人，陈国当时的经济水平和齐国相当，所以可以估计来到夏州的陈国居民有 2000 人左右。之后夏州人口繁衍，先是汉阳，然后是武昌，到了明清时期汉口崛起，清代后期汉口大发展。汉口地势低洼，因水而生，因水而富，适合发展商业，大禹治水将汉水沟通，才有了"货到汉口活"。所以武汉的形成应该实实在在归功于大禹时期治理水道。

我们平时谈武汉总是谈明清的汉口，稍早一些谈到唐代，更早一些从汉代开始。从盘龙城到三国时期，有个断层，我今天将其补上，是楚庄王时期将人迁到汉阳。

夏州到战国时期已经相当繁荣，是楚威王时期楚国的重镇。《史记·苏秦列传》记载了苏秦与楚威王的对话。苏秦说楚国"东有夏州海阳"。现代学者黄鸣在《春秋列国地理图志》中认为，按清代汉阳府辖汉口镇，汉阳县在今汉阳区东北部，其北有襄河故道，在今汉口中部衍为泽渚，称牛湖，湖中有牯牛洲，应即夏州所在。其地大致相当于今武汉汉口江汉区政府所在。

战国时期江、汉交汇地区发展繁荣还有一个重要物证——鄂君启节。1957 年安徽省寿县邱家花园出土的"鄂君启"青铜错金节，是铜制的竹节，分为舟节和车节，两者可合节为一，上有错金铭文，非常珍贵。这是楚怀王颁发给鄂君启运输货物的免税通行证。"鄂"为鄂君启之封地，也是其商船之起点，在今鄂州一带，是当时楚国在长江中游的重要商业港口。经考古学家和文字学家反复研究，破解了铭文的含义。鄂君启节提到了楚国境内的河流，对其行驶路线和水域作了规定。没有鄂君启节提供的信息，楚国的疆域，发动了哪些战争，税赋多少，商业怎么发达等等都无从谈起。这是比古书记载更加过硬的证明。刘玉堂、王本文、张硕的《武汉通史·先秦卷》中有一节引用了鄂君启节铭文中关于江、汉交汇之处河道的内容。其中西北汉江水路"自鄂往,逾湖,上汉"。"逾湖",即穿过今鄂州、武昌之间的吴塘湖、梁子湖、牛山湖、汤逊湖等,而后自今鲇鱼口穿过长江,进入汉江水道,故曰"上汉"。从现在的鄂州到汉江,可以经湖水由长江水道直达,即在鲶鱼口那儿有个近路。类似的内容在《水经注疏》中也有过记载。我以前不信,后来还真的找了条船从鄂州行至鲶鱼口,证明文献记载不假。鄂君启节舟节规定的由汉水进入长江或者由长江进入汉水的航行路线,多经过夏州,即今天的武汉,这证明江、汉交汇的地方,已经是长江中游的重要商业港口,由此,夏州(武汉)在楚国时期的繁荣是毋庸置疑的。

"鄂君启"青铜错金节之舟节

根据鄂君启节，我们知道武汉当年的水路已经相通，而且是重要的水陆码头，这使得汉阳地区人口繁衍，商业繁荣，带动了百业兴旺。同时我们也对全国的水道有一个宏观印象。不难看出，大禹治水，导汉入江，对于整个国家的发展都起着至关重要的作用。

有部很重要的书叫《中国古代交通图典》，作者郑若奎。据他研究，战国时代，黄河和长江流域形成的东西向重要干线大道，从北向南排序主要有五条。其中第四条干线是起于咸阳，从咸阳往西到郿（今陕西眉县），再从郿南下走褒斜道到褒中（今属陕西汉中）、南郑（今属陕西汉中），从南郑开始沿东略偏南方向走汉中（今陕西安康）、旬阳（今陕西旬阳）、锡穴（今陕西白河）等地，进入邓（今湖北襄阳）然后继续向东经枣（今湖北枣阳）、随（今湖北随州），再南折到夏浦（今湖北武汉）。若从邓折向南则可直达楚都郢（今湖北江陵）。

这条干线中，涉及南阳到洛阳、咸阳、寿春地区和岭南地区的道路。南阳地处南北之交，战国时称宛邑，是当时的大都会之一，曾先后为楚、韩、秦所占有，是南阳盆地通往江淮流域寿春地区与岭南地区的交通枢纽。其中，从宛邑向东北到方城，由方城南行到象禾（今河南泌阳县象禾关），再由象禾向东北走，经苦焚（今河南遂平县）、繁阳（今河南新蔡县北）到达沈（今安徽临泉县南），由沈南下经胡到达九江郡和居巢（今安徽巢湖市东北）。这条大道通称为寿春车道，并被誉为"世界第一条官道"。从宛邑向南，经穰到邓，从邓折向东，再经枣（今湖北枣阳市）、随（今湖北随县）即达夏浦（今湖北武汉）。

战国中期，楚国伟大诗人屈原，在《哀郢》中记载自己曾到过武汉："背夏浦而西思兮，哀故都之日远。登大坟以远望兮，聊以舒吾忧心。"这是郢都被秦军攻占后，屈原随顷襄王一路东逃惨状的描述。君臣一起，在秦军的追击下，慌忙不已，经夏口往汉阳而来。赵逵夫在《屈原和他的时代》中指出：夏浦即汉夏合流入江之处。汉曰"夏口"，今曰"汉口"。"背夏浦"言过夏口，背之而去，即更向东行。"大坟"，王逸《楚辞章句》释为"水中高者为坟"。根据郭沫若《屈原研究》考证，"大坟"即龟山。

据武汉大学石泉教授研究，中唐时期成书的《元和郡县图志》在卷二十七沔州汉阳县"鲁山"条中提到"其山前枕蜀江，北带汉水"。鲁山就是龟山，蜀江就是长江自汉阳以西的别称。这两句记载明确反映唐时汉水就已流经龟山北。石泉教授经过大量研究，锁定了入江口的位置，为我们研究江汉朝宗留下了坚实的依据。石泉的学生鲁西奇进一步考证出大禹治水时可能同时有几处水道流入长江。他指出，南宋时期汉水下游地区可能有三条河道并存：最北一条即河，相当于今之天门河；中间一条为汉水，相当于今之汉水河道；最南一条为沔水，相当于今之东荆河。三条河道大约在今钟祥南境与潜江北境分汊，在今蔡店东南境复合流，之后入长江。在江汉平原堤垸已大兴的明中后期，汉水下游还有许多分支河道，其最北的一条名襄河，经过今刘家隔镇附近，与今之天门河走向大致相同，其时已淤废，淤废的时间与成化间汉水下游的郭师口改道相前后。其时汉水主流可以肯定是在今汉水河道，其南仍有不止一条汉水汊流，这些汊流多汇于太白湖，由沌口入江。

鲁西奇在《区域历史地理研究：对象与方法——汉水流域的个案考察》中认为："隋唐时期汉水下游有两条河道：一条在北，称汉川水，其走向与所经大致与今之天门河相当；一条在南，称沔水或汉水，是当时的汉水主泓道，其西段和今之东荆河大致相当，东段则约在今蔡店区北境之长河、南湖一线。两条河道可能在今蔡店镇东南处合流，之后东流入长江。"鲁西奇找到了当年一些航道的遗迹，由此可知当年大禹在河网纵横的情况下确定主航道是非常不容易的。我们现在的研究是来佐证大禹在治水过程中如何确立主航道的。

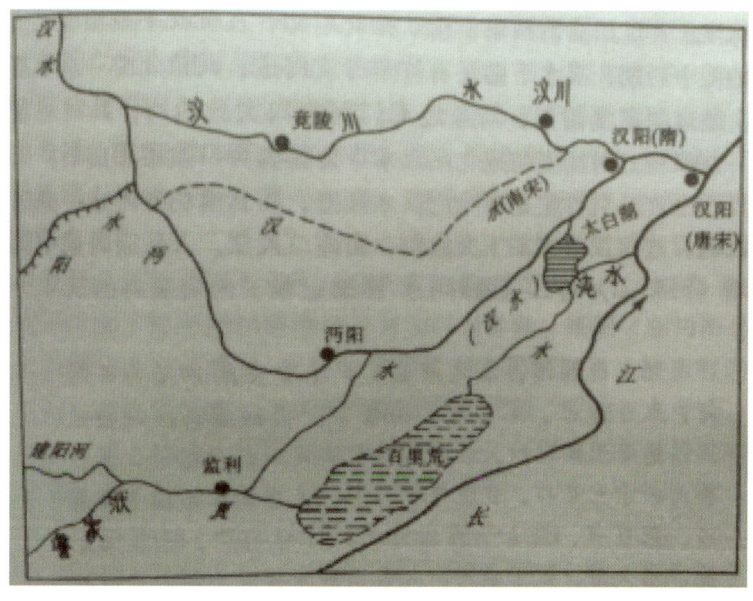

唐宋时期汉水下游水系示意图（王克陵绘）（源自鲁西奇《区域历史地理研究：对象与方法——汉水流域的个案考察》，广西人民出版社2000年，第313页）

但大禹治水不仅是确定入江口，这只是他所做工作的一部分。他另外的工作是清淤。汉水进入长江形成能够行船的航道，必须要水流通畅，不能有沙洲。实际上大禹大量的精力都用在如何把沙洲清掉。这是研究大禹治水的一个重要方面。

汉水进入长江的水流不畅，水流往往携带巨量泥沙，在特定的时机场合作用下就会汇聚成沙洲。尤其在江、汉交汇之处，两条大河互相冲击，泥沙俱下，不断形成的沙洲，使得长江水道严重淤塞。我们无法得知新石器时代江、汉交汇之处沙洲形成的具体情况，但是从唐宋以来，今武汉市域长江水道先后形成了武昌鹦鹉洲、汉阳刘公洲、武昌陈公套、武昌金沙洲、汉阳鹦鹉洲（不同时期出现的都叫鹦鹉洲）、武昌塘角等沙洲与避风港，可以推知大禹时期武汉地区长江水道淤塞的严重程度。

武昌鹦鹉洲位于黄鹤矶西。两晋、南北朝时，鹦鹉洲就已发展为港，鹦鹉洲北端的船官浦至鹦鹉洲南端的黄军浦皆为商舟聚泊处所。《水经注》记载："直鹦鹉洲之下尾，江水湁曰状浦，是曰'黄军浦'。昔吴将军盖军师所屯，故浦得其名。亦商舟之所会矣。"唐宋时期，武昌已成为当时全国内河最大的航运中心。南宋时，武昌商业兴盛，尤以城外南市为先。南宋陆游于乾道六年（1170年）在《入蜀记》中写道："黄鹤楼……今楼已废，故址亦不复存。问老吏，云在石境亭、南楼之间，正对鹦鹉洲……由江滨堤上还船，民居市肆，数里不绝。其间复有巷陌，往来憧憧如织。盖四方商贾所集……移舟江口，回望堤上，楼阁重复，灯火歌呼，夜分乃已。"而沿鲇鱼套至鹦鹉洲北端一带，"贾船客舫，不可胜计，衔尾不绝者数里。自京口以西，皆不

及……市邑雄富,列肆繁错,城外南市亦数里,虽钱塘、建康不能过,隐然一大都会也。"依靠发达的江河水运,武昌南市历经唐、宋、元、明四代的繁华,因大水频繁,古鹦鹉洲曾先后两次从水面短暂消失,至明崇祯末年,完全沉没于江水之中,著名的南市也随之消失。

宋元祐八年(1093年),汉阳城外三里坡至南纪门外的江中淤出一洲,名为"刘公洲"。根据旧志记载:"宋元祐八年,有沙洲涌出,名刘公洲,在汉阳南纪门外,东临长江,西靠夹河,明嘉靖渐沉落。"四方舟楫皆逐渐聚集于刘公洲与岸之间的夹江,刘公洲也发展成为港市。明万历《汉阳府志》记载郡人王光裕曰:"本朝弘正间,汉阳南纪门外原有南坛,自江岸至城计五百余丈。江中有大洲,洲上多芦荻,中有大河套。客舟蚁集,两岸贸易,居民相聚为市。民乐其利,城隍亦赖以巩固。"刘公洲前后存在400多年,嘉靖(1522—1566年)以后因江水冲刷逐渐冲没,刘公洲市场也随之消散。此后汉阳船舶改停东门铁门关一带。铁门关为月湖通江口,风平浪静,便于避风停泊,商船甚多。

明朝初期,汉阳南纪门外的刘公洲和管家套都是商舟客舫的主要停泊地。武昌南市冷落后,可停泊船只的武昌巡司河入江口的管家套亦渐淤塞。明弘治十年(1497年),武昌知府陈晦为改变管家套淤塞而导致商船转泊汉阳的不利局面,便趁涨水季节,以几百只小船拖动铁器在河流中疾驶,以搅动泥沙来疏浚河套,管家套从此更名为"陈公套"(今名为"鲇鱼套")。套中水域因此水深浪平,停泊条件大大改善,吸引了大批商船移泊套中,甚至原泊汉阳的商船、盐船也俱来此，陈公套因此日趋兴旺。明万历十一年（1583年），武昌陈公套与金沙洲辟作湖广漕粮交兑口岸，进一步促进了陈公套的繁荣。

清乾隆《江夏县志》卷首《城池图》中的金沙洲在城南

金沙洲地处武昌西南，位于武昌望山门、保安门、中和门外大江内，洲头北临巡司河入江口陈公套，洲尾斜对古鹦鹉洲头。明代中叶，金沙洲外围又淤出一个新洲，名为白沙洲。明初的金沙洲尚是荒洲，凭借白沙洲的屏护作用逐步成为商船停泊地，此后百货云集，日渐繁盛。洲上有八道长街，沿江修有一道长达25里的防波堤，堤外停船。金沙洲上设有钞关征收船钞。明正德年间（1506—1521年），金沙洲发展成为商民聚集、万船辐辏的著名商市，被称为"东南都会"。明崇祯十五年（1642年），由于左良玉10万大军的进驻骚扰，金沙洲河街被焚毁一空，港埠也遭到严重破坏。清康熙十二年（1673年），官府在金沙洲上重新开辟市肆,招揽商贾,金沙洲才逐渐恢复生机。雍正年间(1723—1735年),白沙洲沉没,失去屏障的金沙洲遭到江涛冲击,八道长街被冲毁四道。官府多次进行疏浚治理,从乾隆九年(1744年)开始,先后修砌了石岸、堤坝和泄水闸,才使金沙洲免遭淹没,但贸易终未能恢复旧观。清嘉庆(1796—1820年)后,金沙洲与武昌江岸间的交接水口逐渐淤塞,终至连成一片,市场也随之转移。王葆心在《再续汉口丛谈》中记载:"据清初方志,金沙洲在府城西南,百货云集,商贾凑至。兵燹后,移镇汉口。"

清乾隆三十四年(1769年),靠近汉阳南纪门岸边新淤积而成一片沙洲,初名"补课洲",后经上奏朝廷获准将此洲改名为"鹦鹉洲"。汉阳鹦鹉洲在嘉庆时逐渐成为湖南、湖北商人的竹木集散地,官府特设竹木厘卡加以管理。太平天国运动之后,沿江各省因恢复建设需用大批木料,到汉阳鹦鹉洲经营竹木的商人越来越多。鹦鹉洲最后发展成为晚清汉口最大的竹木市场。今天的鹦鹉洲已与汉阳长江堤岸连成一片,成为陆地的一部分。

乾隆年间(1736—1795年),武昌城北武胜门附近的塘角开凿出一条人工小河,名"下新河",用以专门停泊来自下江的盐船。嘉庆年间,塘角前淤出一片沙洲,对塘角起到了保护作用。恰值武昌城南的金沙洲淤塞,于是停靠在金沙洲江岸的商船很快移泊塘角。塘角背靠武昌城,正对两江交汇的汉口。清朝陈溥有诗曰:"塘角对汉口,百产绾精华。连樯上灯火,混若蒸朝霞。"诗里揭示了塘角港口的位置与汉口隔江相对,也描述了塘角的繁华景象。船舶日多,商旅云集,很快塘角繁荣一时。塘角的兴起分流了汉口的商业，在一定程度上推迟了汉口成为武汉中心的进程。但是因为塘角的沙洲面积较小，形成的夹江长度也不大，仅1里左右，而且最宽处也仅为十余丈，船只掉头和错船皆为不易，因此，同时期的汉口没有完全被塘角夺去锋芒。塘角繁荣的时间很短，清道光二十九年（1849年）的一场大火，焚毁盐船400多艘及其他船只六百余艘，塘角从此一蹶不振。清同治《江夏县志》载："冬十一月十九日夜大风，厉坛角（塘角古名）盐船起火，延烧八百余艘。上至观音矶，估舟被焚几尽，焚溺毙者数万，翌日始灭。"从被焚毁的船数可以推断塘角的商船量还是非常大的。此后港湾逐渐淤塞，沙洲也与陆地连成一片，商船从此移泊汉口。

清光绪二年（1876年）《湖北武汉全图》（局部）中的塘角

通过对长江、汉水不同时期水道淤塞情况的梳理，不难倒推大禹治水时所面对的情况非常之艰难：既要确立河道，又要治理

沙洲。

《墨子·兼爱中》介绍大禹治水是采用疏导的方法:"古者禹治天下,西为西河、渔窦,以泄渠、孙、皇之水;北为防原、派,注后之邸,嘑池之窦,洒为底柱,凿为龙门,以利燕、代、胡、貉与西河之民。东方漏之陆,防盖诸之泽,洒为九浍,以楗东土之水,以利冀州之民。南为江、汉、淮、汝,东流之注五湖之处,以利楚、荆、越与南夷之民。"大禹疏导之处几乎包括了全国主要的江河。大禹吸取了他父亲治水失败的惨痛教训,改变单纯筑堤堵水的办法,采用以疏导为主的策略。

《淮南子》一书也多次明确提到大禹治水是"决江疏河",例如,《淮南子·原道训》:"是故禹之决渎也,因水以为师。"《淮南子·本经训》:"禹疏三江五湖,辟伊阙,导廛涧,平通沟陆,流注东海。"《淮南子·修务训》:"禹沐浴霪雨,梳栉扶风,决江疏河。凿龙门,辟伊阙,修彭蠡之防,乘四载,随山刊木,平治水土,定千八百国。""禹耳参漏,是谓大通,兴利除害,疏河决江。"《淮南子·诠言训》:"决河浚江者,禹也。""故禹决江河,因水也。"

依据上述古籍的记载,推测大禹在武汉地区治水,采取了两大措施,一是确定汉水入江的主水道,二是全力疏通两江交汇处上下游众多的沙洲。

大禹确定汉水入江的主水道是非常不容易的。当年的汉水有多个入江口,每一个都是水流汹涌,洪水横流,毫无章法。我个人推测大禹确定入江口的方法,就是率领众人逐一考察各出水口,观察水流流向,发现有一处名为"大别山"的孤零零的山

丘，突兀江边，岩石坚固，任凭乱流冲刷，依然稳如泰山，汉水从此山北边流过，汇入长江。正如清代地理学家顾祖禹在《读史方舆纪要》中概括："汉水在汉川县西南十里，又东南流百六十里，至汉阳府城北五里。又东南经大别山北而南入于江，谓之汉口，亦曰沔口，亦曰夏口，为自古噤喉之地。"大禹凭着多年来治水的经验，知道出水口游移不定会导致遗患无穷，他环顾长江北岸，方圆数十里，并无一处山峰，此山好似从天而降，恰到好处地坐落于此，将汉水的出水口牢牢把住，万年永固。大禹一见大喜，决定依托此山，导汉入江，扩大出水口，增加出水量。《孟子·滕文公下》说："当尧之时，水逆行，泛滥于中国……使禹治之。禹掘地而注之海，驱蛇龙而放之菹，水由地中行，江、淮、河、汉是也。险阻既远，鸟兽之害人者消，然后人得平土而居之。"孟子所说的大禹在江淮河汉"掘地而注之海"，很可能就是大禹导汉水入江时所采用的方法，动员大量的人力，将山脚淘深，扩大入江口，让汉水畅快入江，同时挖掘入江口附近长江水道星罗棋布的沙洲，尽力搅动江水，使沙随水流走，沙洲逐步消失。一时间，成千上万的人流和舟楫聚集在两江交汇之处，在大禹的指挥下，运用最原始的工具，日夜奋战。说不清经历了多长时间，两江交汇之处的面貌终于大为改观，原来大小不一的沙洲均神奇地消失不见。长江、汉水合流，清浊有间，泾渭分明。从此，就在龟山之下，千百年来，两江交汇，相拥相抱，一往无前，奔向大海。由此说明武汉城市的诞生作为大禹时代治水的成果，是多么地来之不易。

清乾隆（1748 年）《汉阳县志》卷之一舆图《江汉朝宗图》

  任谁看到这里能不感慨，在没有现代化钢铁工具、人口稀少的远古时代，大禹赤手空拳带领百姓确定入江口、疏通沙洲，那是何等艰难的工程！

  大禹使江汉合流，共奔大海，意义重大。《尚书·禹贡》将此事非常形象地描述为"江汉朝宗"，即长江、汉水像诸侯朝见天子一样奔向海洋。过去《尚书》被有的学者认定是战国时代的作品。但是 2002 年保利艺术博物馆收藏了一件西周中期青铜器遂公盨，距今约 2900 年，上有目前所知是中国最早的关于大禹治水及德治的铜器铭文。清华学者李学勤考证遂公盨的 98 字铭文，开头即是"天命禹敷土，随山浚川，迺差地设征……"，这与《禹贡》开篇的"禹别九州，随山浚川，任土作贡"内容完全一致。所以，对司马迁全文收入《史记》的《禹贡》，可以确定为西周中期以前的作品。由此可知,《禹贡》所记的"江汉朝宗",西周中期以前就已经是广为人知,影响巨大。

《史记·河渠书》载太史公为了准确掌握大禹治水事迹,历经千辛万苦,亲自考察大禹治水之处:"余南登庐山,观禹疏九江……曰:甚哉,水之为利害也!"可以想见,当年屈原、司马迁先后亲临江、汉交汇之处,登上汉阳龟山,俯视滚滚汉水奔流入江,长江未见沙洲,江水一览无余,一泻千里,气势磅礴。遥想当年大禹历经千难万险,疏通汉水和长江,导汉水入江,看见两水拥抱在一起,清浊融合,蔚为壮观。如果他们能看到两水汇聚之处,分别崛起三镇,逐渐形成一座巨大的城市,会是何等的感慨!

大禹神话园中遥望江汉朝宗盛景的大禹雕像

2021年的长江与汉水交汇之处

（2022年5月27日）

屈原与武汉

任蒙,著名作家、文化学者。在文学上颇有研究,出版过诗歌、散文、杂文、文艺理论等专集 26 部,其中《诗廊漫步》《任蒙散文选》等多次再版。曾获首届"全国孙犁散文奖"唯一大奖、第四届全国"冰心散文奖"、全国首届"鲁迅杂文奖"金奖等。为武汉多所高校的特聘教授或客座教授。

扫码观看视频

关于屈原，我曾经在不同场合讲过课，谈过屈原与端午节习俗的关系，但是没有像今天这样专门以屈原为主题作过交流。为了讲清楚屈原和武汉的关系，屈原精神在现代的意义，我想从五个方面入手。

一、关于屈原的学术争议

互联网上流传的屈原"标准像"

网上流传的屈原画像，我认为不是真实的。根据各种研究资料显示，屈原生于约公元前340年，卒于公元前278年，芈姓，属于楚国贵族。古人讲究姓和氏，芈是他的姓，屈是他的氏，平是他的名，原是他的字。他是楚武王熊通的儿子屈瑕的后代，出生在楚国的丹阳秭归，就是今天湖北宜昌的秭归县。屈原早年受楚怀王的信任，任左徒、三闾大夫，兼管内政外交大事。他提倡"美政"，主张对内举贤任能，修明法度，对外力主联齐抗秦。他遭到贵族的排挤和诽谤，被两次流放。楚国郢都（今荆州北面8千米处的纪南城）被秦国的大将白起攻破后，屈原自沉于汨罗江，以身殉楚国。屈原是政治家，也是一位伟大的诗人。

百年来，学术界围绕历史上究竟有没有屈原这个人展开了争论。胡适在《读〈楚辞〉》中说："屈原是一种复合物，是一种'箭剁式'的人物，与黄帝、周公同类，与希腊的荷马同类。"不光是中国的学者，日本和苏联的一部分汉学家也认为没有屈原这个人。他们的理由是，关于屈原，除了《史记》，至今都没有找到更为原始的材料。屈原在秦始皇横扫六合前几十年就已经去世，并且七雄并立时有很多文献，但都没有屈原的名字。像屈原这样伟大的人物，从他死后到西汉司马迁再次提起他的百年间，历史上都没有记载，这不合逻辑。

与此相反，闻一多、郭沫若、陆侃如等人则力证屈原在历史上确有其人。毕竟也没有足够的证据能说明《史记·屈原贾生列传》为司马迁或者其他人所杜撰，因而不应轻易否定屈原的真实存在。

那么屈原的作品是怎么来的呢？一说是《淮南子》的作者刘安托屈原之名创作的。刘安是汉高祖刘邦之孙，淮南厉王刘长之子，文学水平非常高，他招揽了很多门客为他收集整理各种学术著作，并进行了大量创作，后来因为谋反败露而自杀。按照刘安的水准，是有能力写出《离骚》这样的作品的。第二个说法是西汉末年，光禄大夫刘向及其子刘歆根据汉成帝的诏令，收集整理历代文献，根据楚辞的风格，代屈原之笔写出了这么多作品。

后来的考古发现，可以用来反驳这些观点。西汉初年的夏侯婴是刘邦的老乡，跟着刘邦打天下，立下过汗马功劳。刘邦曾经为了逃命，把亲生子女从马车上踢下去，是夏侯婴救回了他的两个孩子。所以西汉建立后，夏侯婴被刘邦封为汝阴侯。汝阴侯去世，侯位传给了他的儿子夏侯灶。夏侯灶在历史上没有什么作为。1977年，考古人员发现了夏侯灶的墓，墓葬里面有两片楚辞的残简，一片写了《离骚》，一片写了《涉江》。夏侯灶是在当了7年汝阴侯以后也就是公元前165年死的。而淮南王刘安生于公元前179年。也就是说夏侯灶死的那一年，刘安才14岁，14岁的孩子不可能写出像《离骚》这样的作品。所以刘安是创作者的说法站不住脚。那么再往后，刘向、刘歆父子生活的时代，西汉已经倒计时了。刘向父子写出这样的作品的说法就更站不住脚了。

西汉汝阴侯墓出土的阜阳汉简（局部）

历史事实需要经得起推敲才行，要大胆假设、小心求证。即使像胡适这种中国现代学术界、文学界的顶级人物，观点也不一定都是对的。我曾经就《西游记》写过一篇论文，某种程度上就是针对胡适的批驳。他评论《西游记》"至多不过是一部很有趣味的滑稽小说、神话小说"。甚至连另一个大人物鲁迅也说，《西游记》就是好玩，不值得深究。但我觉得不是那么回事。《西游记》里，孙悟空一路降妖除魔，妖怪们有被降服的，也有被打死的。他的金箍棒每次要砸下去的时候，菩萨就乘着一朵祥云驾到，要他刀下留人。能让菩萨出面的，要么是天上哪个神仙的坐骑，要么就是哪个神仙的童子。但打死的那些妖魔可没有一个有这样的背景。所以，20世纪90年代初我写了《浪漫主义的艺术风格现实主义的批判精神——论〈西游记〉的双重价值兼述几个有争议的论点》这篇文章，文中对西游记的主题思想进行仔细推敲和合理论证，并认为《西游记》既不是像胡适所说的滑稽，也不是像鲁迅所说的好玩。

屈原是从什么时候开始大放光彩的呢？屈原投江之后几十年，秦国统一中国。秦朝灭亡以后到了西汉，这个时期战乱结束，文人迭出，文化成就很高。汉文帝时的贾谊写下《吊屈原赋》，这是最早写到屈原的文章，且完整保留到现在。后来司马迁作《史记》，把屈原和贾谊放在一起写了一篇传记《屈原贾生列传》。再后来司马迁又写了一篇著名的文章《报任安书》，文曰："盖文王拘而演《周易》；仲尼厄而作《春秋》；屈原放逐，

乃赋《离骚》；左丘失明，厥有《国语》；孙子膑脚，《兵法》修列；不韦迁蜀，世传《吕览》；韩非囚秦，《说难》《孤愤》；《诗》三百篇，大底圣贤发愤之所为作也。"这篇文章让大家知道，原来历史上有屈原这么一个人物，他留下了这么璀璨的华章。这时候屈原才在历史上横空出世、光芒万丈。

我推测先秦文献没有提到过屈原，主要有两个原因：其一，屈原在他的作品中多次对楚王的行为进行直接而严厉的批评，必然为楚国当时的统治者所不容，所以楚国典籍故意不记载他，其他国家也不记载。其二，有关典籍遭秦火散佚，故而不传。东汉的班固曾写道："屈死之后，秦果灭楚，其辞为众贤所悲悼，故传于世。"

二、关于屈原出生地和生卒年月日的考证

屈原什么时候出生？既然我们确认屈原这个人是存在的，那就有必要对他的生卒年月进行考证。屈原在他死后一两百年才受到后人的重视，因此对于屈原出生时间的考证只能根据他诗歌里面的记载来推断。从《离骚》开始的四句"帝高阳之苗裔兮，朕皇考曰伯庸。摄提贞于孟陬兮，惟庚寅吾以降"可以看出，屈原自称为高阳帝的子孙，他的父亲叫伯庸。现在认为"朕"是皇帝的自称，但是秦始皇统一六国之后才有皇帝，在此之前的"朕"可以作为老百姓的自称。

想弄清楚屈原出生的具体年月，一定要把古代的历法研究清楚。我列举了各时期的专家学者对于屈原生卒年月的考证，如下

所示：

不同时期部分专家学者对屈原生卒年月考证表

学者	考证年份	出生日期
陈玚（清）	楚宣王二十七年（前343年）	正月二十一或二十二日
刘师培	楚宣王二十七年（前343年）	正月二十一日
郭沫若	楚宣王三十年（前340年）	正月初七
林 庚	楚威王五年（前335年）	正月初七
邹汉勋	楚宣王二十七年（前343年）	正月二十一日
胡念贻	楚宣王十七年（前353年）	正月二十三日
浦江清	楚威王元年（前339年）	正月十四日
汤炳正	楚宣王二十八年（前342年）	正月二十六日

现在很多专家主张采取汤炳正的观点，认为屈原生于楚宣王二十八年（前342年）正月二十六日。这一观点的依据来源于1976年在陕西省临潼县零口镇南罗村的考古现场出土的青铜器"利簋"。簋，是古代盛食物的器具。这个簋上刻有33字铭文："武王征商，唯甲子朝，岁鼎，克昏夙有商，辛未，王在阑师，赐右史利金，用作檀公宝尊彝。"这个铭文解决了屈原"摄提贞于孟陬兮"的问题，由此推导出屈原出生于楚宣王二十八年（前342年）正月二十六日。究竟这个说法对不对呢？也许今后还会有更多新的发现，再次推翻这一观点。

被称为"九大镇国之宝"之一的西周利簋

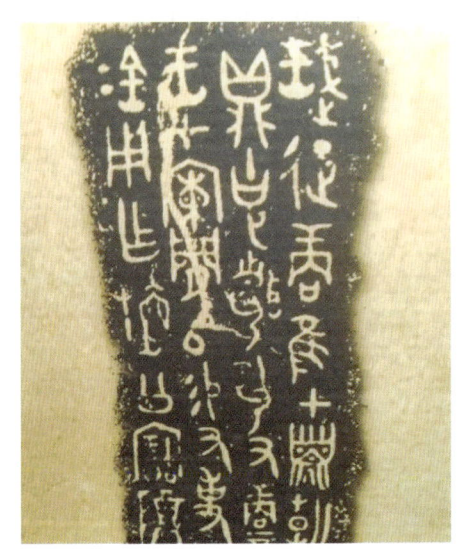

利簋腹内底部刻着的33字铭文（局部）

关于屈原的出生地问题，学界普遍比较认同朱熹的看法。因为目前的楚辞研究者中，没有人能超越朱熹。屈原诗中说"有鸟自南兮，来集汉北"，朱熹注解此句时认为："鸟盖自喻，屈原生于夔峡,而仕于鄢郢,是自南而集于汉北也。"夔峡,就是今天的夔门,也就是秭归。到清代编纂《康熙字典》的时候,这个结论第一次用辞书的形式固定下来,认为屈原出生于秭归。后来郭沫若还亲自为秭归手书"屈原故里"。但是汉代东方朔在《七谏·初放》中认为"平生于国兮,长于原野"。这个"国"指江陵。但这一派的声音比较弱。

郭沫若为秭归亲笔手书"屈原故里"

关于屈原的官职。《史记》中记载:"屈原者,名平,楚之同姓也。为楚怀王左徒。博闻强志,明于治乱,娴于辞令。入则与王图议国事,以出号令;出则接遇宾客,应对诸侯。王甚任之。""屈原至于江滨,被发行吟泽畔。颜色憔悴,形容枯槁。渔父见而问之曰:'子非三闾大夫欤?何故而至此?'"可以看出,屈原担任过左徒、三闾大夫官职。20世纪80年代,中国屈原研究会会长姜亮夫认为"左徒"是管天文的官职,但一般认为"左徒"是管国家内政、外交大事的朝廷重臣,所以说他是政治家。

三、屈原流放与楚辞创作

屈原流放的时期,也就是楚国灭亡前最后穷途末路的几十

年,即楚怀王、楚顷襄王主政时期。战国末期,西北的秦国日益强大,虎视眈眈,随时准备完成消灭六国的雄心霸业。而楚国还在一片歌舞升平中,表面上一片繁华的景象,实际上已经内外交困,江河日下。楚怀王昏聩无能,听从谗言,奸臣当道。当时楚国朝廷分成亲秦派和联齐派。屈原主张对外"联齐抗秦",对内铲除奸佞,富国强兵。但楚怀王压根听不进去屈原的建议,并将其流放。屈原在万般忧愤中写下这些诗篇。

《史记》中记载了一个有名的故事:秦惠文王为了破坏齐楚联盟,派张仪前往楚国,提出楚国如果解除和齐国的结盟,秦国可以赠予楚国六百里土地。楚怀王起了贪心,与齐国绝交,然后派使臣前往秦国接受土地。但张仪拒不承认约定的是六百里地,说只有六里土地。楚怀王两次发兵讨伐秦国,都失败了,还损失了名将。第二年,秦国割汉中之地与楚国讲和。楚怀王却用土地换取了张仪,后因听信了被张仪贿赂的宠姬郑袖的谎话,又放走了张仪。此时屈原已被疏远,不在朝中任职,出使齐国。屈原回国后,劝谏怀王杀张仪,却已经来不及了。

秦惠文王死后,秦武王继位,没几年秦武王也死了,其弟秦昭襄王继位。公元前299年,秦昭襄王邀楚怀王在武关会面结盟,却将楚怀王劫持到了咸阳。楚怀王中途逃跑到赵国求助,赵国弱小,惧怕秦国,不敢帮助楚怀王,楚怀王又被捉了回去,最后客死秦国。楚怀王被掳之后,其子熊横被立为楚顷襄王。子兰因劝怀王入秦而遭到屈原的怨恨,子兰知道这件事情之后,非常生气,让上官大夫在楚顷襄王面前说屈原的坏话,屈原被再次流放。有的学者考证,此次流放是从郢都往东南,经过夏首到达洞庭湖，最后经过夏浦到了陵阳。陵阳究竟是哪里，学界还有些争议，一般认为是今天安徽省青阳县。这次流放将近二十年，屈原再也没能回到楚国朝廷，直至殉国。

屈原在两次流放期间经过武汉，与武汉产生了交集。根据《九章·哀郢》可以分析出他第二次流放的大致路线为：郢都—鄂渚—陵阳。鄂渚就是今天的武昌。楚辞的《渔父》篇说屈原"行吟泽畔"，学界也认为这个泽畔就是鄂渚。屈原在《九章·哀郢》中写道："去故乡而就远兮，遵江夏以流亡。"其中"江"就是指长江，"夏"指汉水，表明自己在长江、汉水交汇一带流亡。"背夏浦而西思兮，哀故都之日远。"夏浦就是今天的汉口。"登大坟以望远兮，聊以舒吾忧心。"这里的"大坟"指今天的汉阳龟山。《九章·涉江》中也提到："乘鄂渚而反顾兮，欸秋冬之绪风。"水中小洲称为渚，有人认为就在今蛇山上游不远处。这些诗句在武汉写成，这在学术界是没有争议的。

为什么在两千多年后，在高度现代化的信息社会，屈原依然有着如此强大的影响力？我想是因为他个人悲剧的命运，给人一种强大的震撼力量，这种悲剧的力量在今天始终能够激励我们中华民族。我列举一部分放在今天依然如雷贯耳的人名：范仲淹、欧阳修、苏洵、苏轼、苏辙、黄庭坚、王安石、张载、司马光、周敦颐、程颐、柳永、晏殊、宋祁、梅尧臣、吕夷简、包拯、邵雍、韩琦、富弼、文彦博、狄青、范纯仁等。如果没有他们，中华民族文明的星空会失色不少。而这些人，都处在被誉为"封建社会最好的40年"里，也就是宋仁宗时期。任何时代都有伟大的人物诞生，但并不是所有人都能遇到明君。可惜屈原怀着崇高的政治理想,有着清晰的政治思路,但是生不逢时,怀才不遇,注定成为时代的悲剧。

四、楚辞对中国文学的巨大贡献

我认为,楚辞是文学的源头。楚辞以前虽然有《诗经》,但是《诗经》是一种无意识的创作。如果没有楚辞的留存和传播,我们就不会知道世界上曾有过屈原这样一位伟大的人物。屈原一生主要留下了《离骚》《九歌》《天问》《九章》《远游》《卜居》《渔父》等作品。《九章》是九首诗章汇集在一起的总称,即《惜诵》《涉江》《哀郢》《抽思》《怀沙》《思美人》《惜往日》《橘颂》《悲回风》。后来西汉刘向父子等人模仿屈原、宋玉等进行创作并辑录,丰富了楚辞的数量。再到南宋朱熹完成了对楚辞的注解。1972年日本首相田中角荣访问中国,毛泽东送给他一套影印宋刻本《楚辞集注》,可见楚辞的地位。

影印宋刻本《楚辞集注》

为了更好地理解楚辞,我想讲一下楚辞与《诗经》的关系。《诗经》先于楚辞诞生,据说是春秋时期孔子搜集整理而成,与屈原所在的时期相隔了两三百年。它是一部艺术成就很高的文学作品,但是没有留下创作者的名字。首先,楚辞与《诗经》是一种继承与借鉴的关系。楚辞在意境甚至语式上都借鉴了《诗经》。其次,二者是从自发到自觉(文学自觉)的关系。再次,二者是从偶尔为之到常态化、专业化的关系。所以我们可以理解为,屈原不是为了写诗而写诗,而是为了表达自己强烈的压抑、忧愤的心情。所以站在楚辞的角度往前看,在它之前的文学基本是始于无意,有的作品类似于民谣或谜语,如《吴越春秋》中的"断竹,续竹;飞土,逐宍",《易经》中的"女承筐,无实;士刲羊,无血"。

关于楚辞与汉赋的关系。楚辞具有承前启后的历史功能,上承《诗经》,下启汉赋。楚辞是诗歌,汉赋属于比较押韵的散文,二者都可以"不歌而诵"。但是楚辞是诗,音乐性更强。两者的句法形式、结构组织、押韵规律都属于不同的范畴。虽然在汉代的时候,楚辞也属于赋,但二者其实分属于截然不同的两种体裁。

楚辞是中国浪漫主义文学的源头之一,对后世诗歌产生了深远影响,是中国文学史上的璀璨明珠。《离骚》被鲁迅盛赞为"逸响伟辞,卓绝一世"。而我认为楚辞在中国文学史上具有伟大的开创性意义,它为我们呈现了两千多年前一个辉煌的文学时代,在屈原之前再也找不出第二个像他这样伟大的作家。但是为什么楚辞在今天的影响远远不及唐诗宋词?一是因为时代过于久远,二是楚辞中运用的意象与现代理解不太一致,语言较为晦涩,不利于传播与普及。

近几年来对于屈原精神的理解有一些不同的声音,认为先秦时代人民不存在热爱祖国的思想意识,屈原只是忠君,不是爱国,现在把屈原和爱国主义精神联系在一起,是一种所谓接受学的意识沉淀。屈原精神中只存在爱国主义精神的胚胎,他的思想顶多是一种浓烈而执着的故国乡土情怀。甚至还有人说屈原因为楚国灭亡的痛哭不过是阻挡历史车轮前进的哀鸣。我认为应该站在历史主角当时的角度看问题。当时"国"的概念并不鲜明,王室就象征国家,故国乡土之情包含家国情怀。"忠君"不仅是为君王个人,也是为了国家能有正确的选择。只要是屈原站在当时正义的一边,就值得历史肯定。

位于武汉市东湖生态旅游风景区行吟阁前的屈原雕塑

屈原以忧国忧民的思想内涵、敢为天下先的勇气、英勇无畏的献身精神在历史的风口浪尖搏击,不愧为时代的英雄。《史记》中有句话说"楚虽三户,亡秦必楚",就是说楚国哪怕只剩下三个氏族,也能灭掉秦国。1911年10月9日,共进会的革命党人孙武在汉口宝善里试制炸药时不慎引爆,引来俄国巡捕,大量革命文件被查获。革命的计划暴露,一批革命党人遭到逮捕,彭楚藩、刘复基、杨洪胜三烈士被残忍杀害在湖广总督署东辕门外。在此危急关头，革命党人于10月10日晚发动了武昌起义。工程营的新军集结，喊的口号就是"楚有三烈，覆清必楚""三烈在前，我们继后"。这说明屈原的精神在湖北土地上留下了深深的印痕，并不断传承下来。

五、屈原与端午节的关系

端午节的别称非常多，有端阳节、端五节、重五节、五月节、夏节、午日节、浴兰节、女儿节、天中节、地腊、诗人节等；民间又称龙舟节、粽粑节、苦瓜节、蒲节、药王节、除毒节、龙日等。我收集的还不够全。节日活动也因为地区差异而不一样，但都是以划龙舟、吃凉粽、挂艾叶菖蒲、采草药、除毒驱邪等为基本内容。有首诗说"节分端午自谁言，万古传闻为屈原"，现在端午节基本上和屈原划上了等号。

古代节日有这么几个特征：一是古代节日基本是自发形成的民间活动；二是古代节日一般与自然节令联系在一起；三是古代节日一般没有被赋予政治含义，不具备政治属性；四是古代节日的文化内涵多半为后来衍生出的。从古代节日的特征可以推断出，端午节的设立最初和屈原并没有关系，它由上古时代的夏至节演化而来，设立的初衷是提醒大家一起做好迎接夏至的准备。因为夏季更容易产生疟疾等疾病，还会出现洪水、风暴、泥石流、干旱等自然灾害，农作物的病虫害也比其他季节更多，古时候人们还没有能力去抵御自然灾害和解决这些自然灾害带来的问题，所以他们对夏天其实心怀畏惧，设立节日也有祈祷消灾、祈求年丰之意。现在一般说屈原在五月初五这一天投江，来自南朝梁人吴均所著的《续齐谐记》："屈原五月五日自投汨罗而死，

楚人哀之，每至此日，辄以竹筒贮米，投水祭之……世人五日作粽，并带五色丝及楝叶，皆汨罗之遗风也。"但是《续齐谐记》中还记载了诸如牛郎织女一类的传说故事，并不是严肃的学术文献，只能将其作为参考资料，学界一般并不对屈原去世的日期做定论。另有唐朝魏徵所修的《隋书·地理志》记载："大抵荆州率敬鬼，尤重祠祀之事，昔屈原为制《九歌》，盖由此也。屈原以五月望日赴汨罗，土人追至洞庭不见，湖大船小，莫得济者，乃歌曰：'何由得渡湖！'因尔鼓棹争归，竞会亭上，习以相传，为竞渡之戏。"端午节祭屈原的历史记载一般来源于这两处。从这时候起，人们就把对屈原的哀悼之情附着于端午节上了。

近年来朋友圈流传"端午节安康"这类祝福，据说是某个学者倡导的。他认为端午节是为了纪念大诗人屈原的，带有哀祭之意，不是一个快乐的节日，人们不应该在这一天说"节日快乐"，只能道一声"安康"。针对这一观点，我曾发表了一篇文章——《端午节只能"安康"是伪学问》。因为端午节究竟起源于何时并没有定论，所以端午节互致问候怎么开心就怎么来，不一定非要说"端午节安康"。

屈原是一个确实存在过的历史人物。现在我们称屈原是伟大的爱国诗人，给予屈原很高的历史评价。屈原精神可以说是中华民族的精神内涵之一。现在随着中国日益强盛，人民的文化素质不断提高，1953 年，世界和平理事会通过决议，确定屈原为当年纪念的世界四大文化名人之一。我也希望湖北能够进一步向社会弘扬、宣传屈原文化，把他璀璨的文学作品向更多群众推广。

（2022 年 5 月 31 日）

传承岳飞文化，弘扬岳飞精神

孙君恒，现任武汉科技大学国学研究中心主任，兼任中国墨子学会常务理事、荆楚文化研究会常务理事等，主要从事伦理文化研究。他撰写的关于湖北岳飞精神发扬光大的论文曾经获得湖北省政协、社科联、荆楚文化研究会联合颁发的优秀论文奖，先后出版多部专著，有《中国先秦七子君子观研究》(2022)、《墨子伦理思想研究》(2014)、《荆楚佛寺道观》(2012)、《湖北民间伦理初探》(2009)、《中国主流意识形态研究》(2007)、《贫困问题与分配正义》(2004)、《当代企业伦理学》(1997)等。

扫码观看视频

今天讲座的主题是"传承岳飞文化,弘扬岳飞精神"。

一、岳飞与武汉

岳飞是伟大的民族英雄,以忠孝闻名于世。2016 年 12 月 12 日,习近平总书记在会见第一届全国文明家庭代表时说:"我从小就看我妈妈给我买的小人书《岳飞传》,有十几本,其中一本就是讲'岳母刺字',精忠报国在我脑海中留下的印象很深。"

清代《历代名臣像》中所载岳飞像

岳飞生前被封为"武昌郡开国公",死后被追封为"鄂王",可见岳飞与湖北、武汉的渊源之深。岳飞曾在武昌驻军七年,岳家军的司令部就在武昌司门口天桥附近。岳飞在武昌驻军期间,带兵北伐,立下了赫赫战功。当时的武汉,是岳家军驻扎的大本营和北伐基地,也是岳飞指挥抗金的帅府所在地。所以谈到岳飞,武汉人应该感到自豪,他是武汉打造新时代英雄城市的历史底蕴之一。今年5月底,我去荆门参加了一个岳飞研讨会,荆门建了一个岳飞城,因为岳飞受命抗击金兵,曾在此处拓置城堡。湖北省内,还有因岳飞屯兵驻节而得名的天门市岳口镇、嘉鱼县岳公楼遗址、大冶市龙角山岳飞点将台、铜绿山岳飞冶炼兵器遗址以及通城县黄龙山下的岳王庙遗址、竹溪县蒋家堰镇岳王庙村等。而相较于其他地方,武汉和岳飞的联系更为密切,因为岳飞的军事大本营设在武汉。

我在荆门时遇到一位以前属吉林省军区的岳姓少将,他说岳飞带领的岳家军可以说是所向无敌。岳飞在和完颜宗弼(金兀术)交战时,金军听说岳家军来了,都十分胆怯。金朝当时有一个不成文的规定,金军和南宋的军队交战时,如果被岳家军打败了,可以不追究战败的责任,但如果是被其他的军队打败了,那肯定要追究责任。可见,"撼山易,撼岳家军难"的说法是有历史依据的。我听了这位岳将军的高论,也有很多感慨。当年,岳飞被誉为南宋的"中兴四将"之一。我和很多岳飞的后代,都有一些联系,也到过岳飞的故乡河南汤阴。朱仙镇、汤阴、武昌、杭州的岳飞庙被称为全国四大岳飞庙,这四个岳飞庙我都去过。对岳飞的了解越深入,对他就越敬佩和崇拜。

"文武双全"是古人对个人能力要求的理想状态,是完美素质的体现。在中国古代城市中,一般既有文庙,也有武庙。古人若想科举成功,就会去文庙祭拜孔子;若想立下战功、出人头地,就会去武庙祭拜关羽、岳飞。武汉也一样。武汉曾经有全国最大、最早的岳王庙,在现在中南财经政法大学首义校区大门附近。可惜的是,因为战乱、城市建设等原因,现在已经没有了。

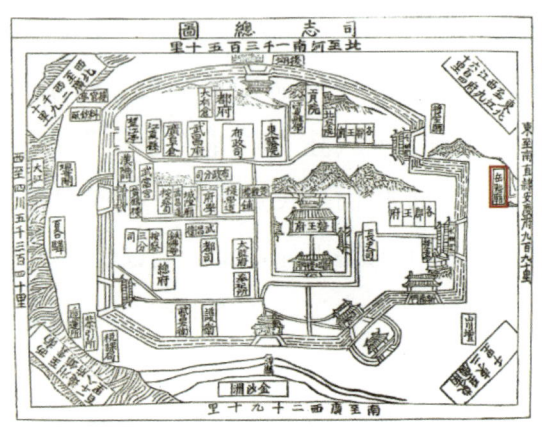

明嘉靖《湖广图经志》司志总图中的岳飞庙

武汉有一个岳飞文化研究会,全国其他地方也有岳飞思想研究会。研究会以岳飞的后裔为主体,吸纳热爱祖国、崇拜民族英雄岳飞的社会人士参与。武汉现存的与岳飞有关的遗迹和地名还有很多,但是比较分散。黄鹤楼公园内就有岳武穆遗像亭、岳飞铜像、"还我河山"石刻、刻有《满江红·登黄鹤楼有感》的岳飞青石浮雕等,游客一般可能都没有注意到。

位于黄鹤楼公园内的岳武穆遗像亭

位于黄鹤楼公园内的岳飞铜像

岳飞为武汉的英雄城市建设增光添彩,岳飞的英雄事迹得到了社会的广泛关注。在武汉军运会举办之前,中央军委专门派了一个工作组来到武汉,找到武汉岳飞文化研究会,商议要在黄鹤楼公园做一个关于岳飞的展览。武汉军运会展现出现代军队的崭新风貌、中国军人的英雄气概。那么,中国古代军人又是什么样子的呢?军方认为,岳飞不仅是中国军人的楷模,也和武汉有着深厚的缘分。所以,决定在军运会期间举办关于岳飞的展览,让全世界人民都能了解到岳飞的英雄事迹,感受中国古代军人的英雄气概。

岳飞从武汉四次带兵北伐,立下不世之功。1134年春,岳飞上书宋廷请求北伐,收复失地。4月,岳飞率军从江州(今九江)出发前往鄂州(今武昌)屯兵,鄂州成为岳飞北伐的大本营。5月,岳飞兵出鄂州,发起第一次北伐。他亲率岳家军从鄂

州城乘船出发，连克郢州（今钟祥）、随州，攻下襄阳。伪齐政权在金兵的支援下集结大军反扑，岳飞率部一一击破，并攻克邓州、唐州（今河南唐河、社旗、方城、桐柏、泌阳一带）、信阳。7月，岳飞胜利收复襄阳六郡。1136年7至8月，岳飞发起第二次北伐。岳飞领兵从鄂州出发，连克汝州（今河南汝阳）、虢州（今河南灵宝）、商州（今陕西商洛）以及洛阳周边重镇，逼近西京洛阳。1136年11月，岳飞发起第三次北伐。岳飞从鄂州起兵，先后粉碎金、伪齐联军的五路进攻，进军至蔡州（今河南汝南）一带，俘获伪齐战马三千匹。第三次北伐结束后，岳家军就一直留守在鄂州整训。1140年6月至7月，岳飞发动第四次北伐。岳飞率岳家军主力，大败金军统帅完颜宗弼的女真军主力于郾城（今属河南漯河）、颖昌（今河南许昌）等地，并联合北方的抗金义军一道，收复黄河南北大片失地，进至朱仙镇，使完颜宗弼被迫逃出开封退回北方。

　　岳飞在为国尽忠的同时，也做到了事亲至孝。岳飞曾言："若内不能克事亲之道，外岂复有爱主之忠？"岳母姚氏晚年随军居住在武昌。虽然军务繁忙，岳飞对母亲却非常孝顺，经常嘘寒问暖、端茶送水、侍疾喂药等，将母亲照顾得无微不至。1136年，岳母姚氏病故于武昌，岳飞披麻戴孝、赤脚扶灵护送母亲从小东门出城前往庐山安葬。明代重修武昌城时多个城门改名，其中小东门被改名为"忠孝门"，以此纪念岳飞为母守孝之举。岳母墓位于江西九江庐山株岭的东北端，岳飞夫人李氏的墓位于株岭的西北端，两座墓，遥遥相对，互成犄角。岳母墓附近还有一个"孝庐"，据说是当年岳飞和夫人李氏为岳母守孝的地方。岳飞

清末的武昌城

清末的武昌城忠孝门

的忠孝之举令人动容。我去庐山岳母墓参观时，曾遇到当地有一个70多岁的老人，自发为岳飞的母亲守墓。

　　岳飞身上还有很多优秀品德值得我们学习。一是不贪财。宋高宗曾准备给岳飞营造宅第，岳飞推辞说：敌人还没有消灭，怎么能安家呢？有人问岳飞：天下什么时候太平呢？岳飞回答说："文臣不爱钱，武臣不惜死，天下太平矣！"二是不为美色所动。吴玠曾花两千贯钱买了一个能歌善舞、才貌双全的士族女子送给岳飞，却被岳飞给拒绝了。三是治军严明。岳家军的口号是

"冻死不拆屋，饿死不掳掠"。每到一地，岳飞都自率十数骑巡逻，检查军纪执行情况。行师动众，如有践踏农田、妨碍农事，或与民众交易价格不公者，都要以军法处置。所以，岳家军所到之处，民众无不欢欣，以至"举手加额，感慕至泣"。四是关爱下属。有的士兵生病了，岳飞亲自为他们调制药品。手下的将领去远方打仗，岳飞便派自己妻子照顾他们的家人。对于那些战死的人，岳飞吊唁尽哀，帮其抚育孤寡。凡有朝廷赏赐，岳飞从不私藏，都会分给自己的将士。

因此岳飞深得百姓爱戴。1142年岳飞被害，噩耗传到武昌，百姓悲愤不已，在翠微峰附近捐资兴建报国庵，名为供佛，实为祭祀岳飞。岳飞平冤昭雪后，报国庵扩建为岳飞堂，堂内立有岳飞像，并将岳飞生前所书"精忠报国"四字刻匾悬于堂内正殿，岁岁祭祀。

与岳飞有关的地名遍布武汉三镇，代表了武汉百姓对岳飞的纪念和崇敬之情。汉口有岳飞街，汉阳有崔（催）子湾、冰塘角、马沧湖、邓甲村、翠微古井、报国巷等，武昌有岳家嘴、忠孝门、马蹄营、岳飞亭、银瓶井、岳松林等。相传岳家嘴曾是岳家军水军的操练基地；马蹄营曾是岳家军骑兵的主要驻扎地；冰糖角又名"兵藏阁"，为岳飞驻扎军队、存放兵器的地方之一；马沧湖原为"马场湖"，是岳飞操练水兵、放养战马的地方；邓甲村为岳家军存放铠甲、兵器的地方；翠微古井为岳家军兵马饮水处；岳松林则是岳飞驻军武昌时亲自种植的松树。关于岳飞种植松树的原因，有学者认为，松树巍峨高大、遮天蔽日，可作为防护屏障，用来掩盖军事目标、迷惑敌人。

位于江岸区的岳飞街

位于归元禅寺内的翠微古井

位于黄鹤楼公园内的一株岳飞松

二、关于岳飞的故事与评价

关于岳飞的传说故事有很多。

相传岳飞出生的时候，有一只像鹄的大鸟，鸣叫着飞到他们家屋顶，其父大为惊异，就给儿子取名岳飞，字鹏举。

岳母刺字的故事大家耳熟能详。岳母唯恐岳飞听信不肖之徒的花言巧语，做出不忠不义之事。于是就用毛笔在岳飞的背上写下"精忠报国"四个大字，以绣花针刺就，再将醋墨涂于其上，便可做到永不褪色，时刻提醒岳飞要"精忠报国"。

位于汉阳五里墩街五麟里社区西北角的崔子湾，其地名由来与岳飞有关。相传岳飞曾巡视军情至此，遇到一老妇因家贫，儿子娶不上媳妇，岳飞便赠予银钱，帮助老妇娶儿媳妇。老妇的儿子为了报恩，承诺会去河南为岳飞打探军情，但因新婚迟迟不愿启程。老妇心急，天天催儿上路，儿子只好挥泪告别母亲、妻子前往河南。岳飞在收到老妇之子捎回的金军情报后，接连打了好几场胜仗，百姓便把这个村湾改名为"催子湾"，现改为"崔子湾"。

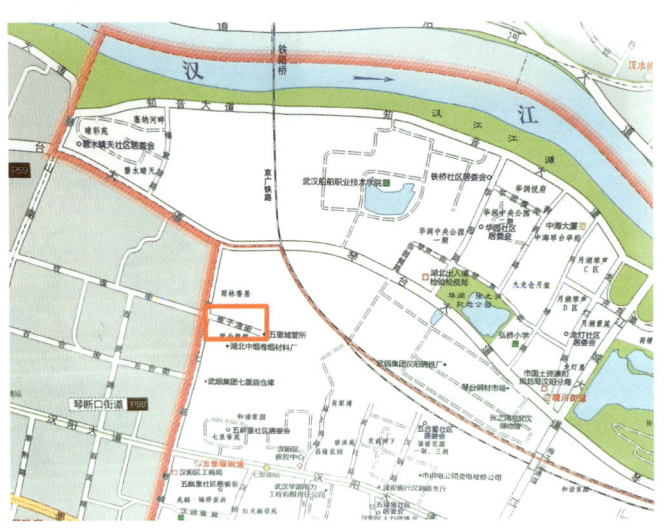

位于今汉阳区玫瑰街与罗七路交会处以东的崔子湾街

存于蛇山北面张难先旧居中的古井,其名称来源于"银瓶投井"的故事,据说岳飞蒙冤被害以后,岳飞的女儿鸣冤不果,怀抱银瓶愤而投井身亡,故而此井被称为"银瓶井"。

关于岳飞的评价还存在一些争议。岳飞是伟大的爱国英雄,这是社会共识,也是主流的价值观。可是这些年来,有一些人攻击岳飞,谩骂岳飞,诋毁岳飞,认为他是破坏民族团结的罪人。对于这种观点我们要高度警惕、坚决反对。那些人为什么这样说呢?因为岳飞在《满江红·怒发冲冠》中写道:"驾长车,踏破贺兰山缺。壮志饥餐胡虏肉,笑谈渴饮匈奴血。"有些人认为岳飞交战的对手是中国的北方少数民族,他在战争中杀人如麻,非常可怕,不利于民族团结。这种观点看似有点道理,其实是非常狭隘且站不住脚的。因为那个时候的民族概念、历史场景与现在是完全不一样的,不能用现代人的眼光去看待历史。岳飞在战场上大败金军,却因为宋高宗的十二道"金字牌"班师诏,不得不放弃战场上的大好局势,班师回朝。岳飞的这种忠君行为到底合不合适?现在也有不同的看法。岳飞爱国是毫无疑问的,可是一味忠于皇帝的做法到底值不值得提倡?有人认为岳飞是愚忠,如果继续抗金,很有可能取得战争胜利。岳飞班师回朝,导致抗金大业功亏一篑,只能留下历史的遗憾。但从当时的朝堂局势、战争形势来看,岳飞很难做出抗旨不遵的决定。

清同治年间翰林院编修、江夏(今武昌)人何金寿用"乃武乃文"四字评价岳飞,这个评价是很高的。"乃武乃文"出自《尚书·大禹谟》,意思是既有武功,又有文德,用于岳飞身上就是能文能武、文武双全。我认为"乃武乃文"这个评价非常贴切,岳飞在其戎马生涯中,亲自参与指挥大小战役上百场,是名副其实的常胜将军。在文学上,岳飞留下许多脍炙人口的诗词作品,所以岳飞的身上既有武将血气,也有文人风骨。

河南省汤阴县宋岳忠武王庙内悬挂"乃武乃文"匾额

三、岳飞的作品

怒发冲冠,凭栏处、潇潇雨歇。抬望眼,仰天长啸,壮怀激烈。三十功名尘与土,八千里路云和月。莫等闲、白了少年头,空悲切。

靖康耻,犹未雪。臣子恨,何时灭。驾长车,踏破贺兰山缺。壮志饥餐胡虏肉,笑谈渴饮匈奴血。待从头、收拾旧山河,朝天阙。

岳飞的这首《满江红·怒发冲冠》家喻户晓,其中"三十功名尘与土,八千里路云和月""莫等闲、白了少年头,空悲切"等更是千古名句。除了《满江红·怒发冲冠》,岳飞还有很多诗词作品,例如他在武汉写的另一首《满江红·登黄鹤楼有感》。词曰：

> 遥望中原，荒烟外、许多城郭。想当年，花遮柳护，凤楼龙阁，万岁山前珠翠绕，蓬壶殿里笙歌作。到而今、铁骑满郊畿，风尘恶。
>
> 兵安在？膏锋锷。民安在？填沟壑。叹江山如故，千村寥落。何日请缨提锐旅，一鞭直渡清河洛。却归来、再续汉阳游，骑黄鹤。

岳飞是一个战功卓著的武将，这是毋庸置疑的，但是他所流传下来的文学作品到底是不是由他本人创作，还存在一些争论。有的人认为，岳飞整天都在忙着打仗，是没有时间搞文学创作的，这些诗词作品都是他手底下的人帮他写的。岳飞在《满江红·怒发冲冠》中提到贺兰山，但是他本人并没有去过那里，所以这首词可能不是岳飞本人写的。经过多年来对岳飞相关史料的掌握，对岳飞遗迹的实地考察，以及与岳飞后代的交往经历，我倾向于认为岳飞所流传下来的这些文学作品均由他自己创作。岳飞虽然是一个武将，可是他身上的文人气息是很浓厚的。宋朝看重文人，推行"以文立国""以文治国"，"半部《论语》治天下"讲的就是北宋宰相赵普的故事。岳飞从小就接受了良好的家庭教育和儒家思想的熏陶，武术大师周侗是他的武术老师。岳飞的文学作品大多是和自己的战争经历有关，作品的字里行间尽是精忠报国的热血赤诚、慷慨壮烈的英雄气概。

除了文学作品，岳飞还留下很多书法作品。文天祥在评价岳飞书法的时候讲到："岳先生，我宋之吕尚也。建功树绩，载在史册，千百世后，如见其生。至于笔法，若云鹤游天，群鸿戏海，尤足见干城之选，而兼文学之长，当吾世谁能及之？即后世，亦谁能及之！"朱元璋、刘伯温、蒋廷锡、左宗棠等诸多历史人物都对岳飞的书法作出高度评价。岳飞的书法以行、草为主，磅礴霸气，综观如电掣雷奔，龙飞凤舞，细视则铁画银钩，顿挫抑扬，其挥洒纵横，如快马入阵，令人联想到岳飞驰骋沙场之英气雄姿，一气呵成，畅快淋漓，自有一股清风正气。岳飞的传世书迹有《书谢朓诗》《前出师表》《后出师表》《还我河山》等。

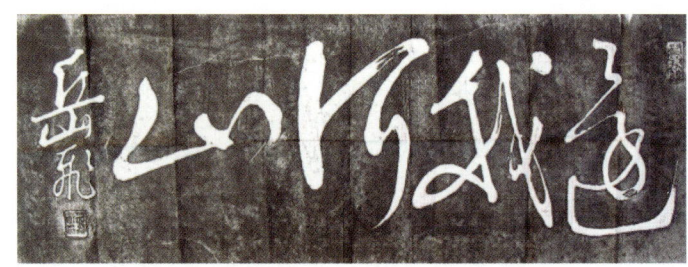

岳飞的书法作品《还我河山》拓片

1138年8月，攻打金兵的岳飞途经南阳，谒拜南阳武侯祠，瞻仰诸葛亮躬耕遗址，遇雨宿于祠内，一时百感交集，不觉泪如雨下，以至一夜无眠，于次日挥毫写下诸葛亮《前出师表》《后出师表》。岳飞在《跋》中写道："绍兴戊午秋八月望前，过南阳，谒武侯祠，遇雨，遂宿于祠内。更深秉烛，细观壁间昔贤所赞先生文词、诗赋及祠前石刻二表，不觉泪下如雨。是夜，竟不成眠，坐以待旦。道士献茶毕，出纸索字，挥涕走笔，不计工拙，稍舒胸中抑郁耳。岳飞并识。"清代士人将这一书法杰作精心雕刻为碑，以供后人瞻仰，该碑刻现存于河南南阳卧龙岗武侯祠内。

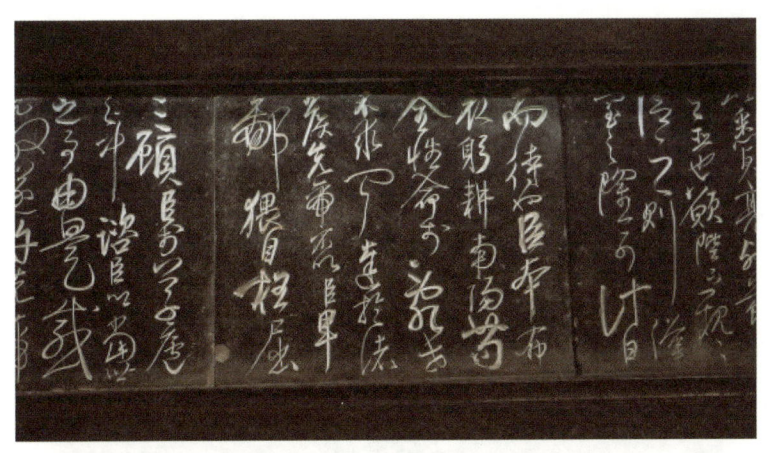

位于河南省南阳市武侯祠的岳飞手写《出师表》碑刻（局部）

一些人认为岳飞的形象过于完美，不太真实，所以质疑他所流传下来的这些作品不是本人创作的。其实除了岳飞，在中国历史上还有很多文武双全的人物，如墨子、关羽、诸葛亮、毛泽东等，他们也都是真实存在的。在中国五千多年的历史长河中，岳飞等英雄人物如繁星闪烁，熠熠生辉，他们是中华民族精神的脊梁、中国传统美德的典范。

四、弘扬岳飞精神

英雄岳飞与英雄武汉之间有着深厚的情缘，我们要大力传承岳飞文化，弘扬岳飞精神。2018年3月，由岳飞思想研究会、武汉岳飞文化研究会等联合主办的纪念岳飞诞辰915周年活动在武汉举行，吸引了来自全国各地的数百名岳飞后裔、岳飞文化研究专家和各界爱国人士参与，与会人员在黄鹤楼公园岳飞广场举行系列纪念仪式，一起高声吟诵岳飞的千古名篇《满江红》的场面激动人心。

2018年3月31日,纪念岳飞诞辰915周年活动在武汉黄鹤楼公园岳飞广场举行

那么,怎样传承岳飞文化、弘扬岳飞精神呢?一是要建设纪念基地,包括重建武汉岳王庙,打造岳飞主题文化公园,建设岳飞纪念馆,举办岳飞文化展览,设计岳飞文化景观、雕塑等,让市民更直观地感受英雄城市的人文魅力。二是进行非遗传承,比如普及传习岳家拳,积极推进岳家拳进校园。三是要整合文化资源,系统梳理武汉岳飞历史资源,设计岳飞文化旅游路线。

千百年来,岳飞"精忠报国"的故事激励了一代又一代中国人。爱国主义是岳飞精神的核心,忠孝、仁信、智慧、勇敢、严明、廉洁等是岳飞精神的重要元素。在岳飞39年的人生中,有7年的时间是在武汉度过的。岳飞在武汉三镇留下诸多历史印记,我们要充分利用这些文化资源,为武汉打造新时代英雄城市提供丰润文化滋养和强大精神动力。

(2022年6月9日)

英雄城市　百年荣光

——党的百年奋斗史上的武汉贡献

宋健，中共党史专家，从事中共党史研究与党史宣传教育工作35年，撰写和参与编撰《中国共产党武汉历史（1919-1949）》《抗日战争初期中共中央长江局史》《中国共产党第五次全国代表大会》等多部党史著作，担任电视文献片《武汉·1938》《解放大武汉》《热血忠诚》等剧本创作撰稿人，作品获得中宣部"五个一"工程奖、中国广电协会节目创作一等奖、全国党史优秀成果二等奖等。

扫码观看视频

作为拥有光荣革命传统和丰富红色资源的历史文化名城,武汉是一方红色热土,是一座英雄城市。在党的百年奋斗史和中华民族伟大复兴征程中,中国共产党人团结带领英雄的武汉人民勇立潮头,敢为人先,前仆后继,英勇奋斗,多次肩负起祖国安危、民族复兴重任,在中华民族史册上留下了一个又一个辉煌瞬间,在中国革命、建设、改革、复兴史诗中,谱写下一页又一页光辉篇章。

1840年鸦片战争后,中国逐渐沦为半殖民地半封建社会。从1840年到1901年,中国被帝国主义列强逼迫先后签订了数以百计的不平等条约,丧失了180多万平方千米的领土,赔偿了巨额赔款:仅《马关条约》日本就从中国掠夺赔款23150万两白银;《辛丑条约》中国赔款45000万两白银,分39年还清,年息4厘,本息共计98000万两白银。至1901年,中国对外8次主要赔款(包括庚子赔款应付利息)总计折合195300万银圆,相当于清政府1901年收入总额的16倍。帝国主义列强强迫中国开放的通商口岸达92个,租界遍布各个通商口岸。国家山河破碎,风雨飘摇,人民苦难深重,民不聊生。

第二次鸦片战争后,汉口于1861年被迫开埠,英、法、德、俄、日等国纷纷在汉口设立租界,江汉关也被洋人控制。虽然武汉爆发武昌首义,引发辛亥革命,推翻了封建帝制,打开了中国进步的闸门,传播了民主共和理念,但中国的社会性质依然没有改变。北洋军阀篡夺革命果实,掌握执政权。资产阶级在辛亥革命后尝试多党制、议会制、总统制,推行民主共和,中国先后出现了数以百计的各种政党。从1916年到1927年,北京政府9次更替，24次改组内阁。帝国主义列强侵略奴役，封建军阀割据一方，连年混战，政客操纵政党，争权夺利，勾心斗角，人民生灵涂炭，依然生活在水深火热之中。

  为挽救国家民族危亡，一批具有民族民主革命思想的仁人志士，一直在苦苦求索各种先进理论、制度、道路和文化，想找到救国救民的科学理论，探索民族复兴的道路。所以当时有了新文化运动和五四运动，有了无政府主义、改良主义、新村主义、教育救国、实业救国等各种思潮和理论在中国的传播。

  十月革命一声炮响，给中国送来了马克思列宁主义。中国先进分子从十月革命的胜利中看到了马克思主义为人类社会带来的新变化和新曙光。他们渴望彻底结束旧中国半殖民地半封建社会苦难深重的历史，彻底改变旧中国一盘散沙、受人奴役欺压的局面，彻底废除帝国主义列强强加给中国的各种不平等条约和在中国的一切特权，从根本上改变中国的悲惨命运，于是接受了马克思主义，决心走俄国人的道路，实现从民主主义者到共产主义者的转变，开始走上为国家独立富强、民族振兴、人民幸福，为实现共产主义而奋斗的征程。这就是习近平总书记所说的中国共产党人的"初心"和"使命"，也就是中国共产党建党的本意和出发点，即"为中国人民谋幸福，为中华民族谋复兴"。了解党的初心和使命，就知道中国共产党是什么，要干什么。

  一、浴血奋战、百折不挠，在争取民族独立、人民解放开天辟地的伟大革命中，武汉勇于斗争，功勋卓著

  在新民主主义革命时期，武汉作为马克思主义在中国传播的主阵地之一、国内最早成立共产党早期组织的6个城市之一，为中国共产党的创建作出了重大贡献。在28年的革命斗争中,武汉多次站在时代前列,成为革命中心和抗日运动中心,为建党、建军和建立新中国立下了不朽功勋。

(一)传播马列主阵地,领先建党掀工潮

1. 武汉是马克思主义在中国广泛传播的主阵地

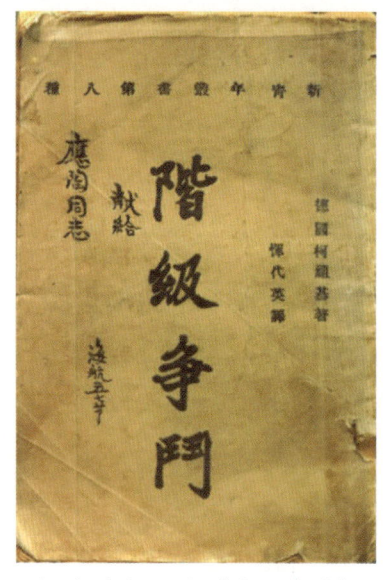

恽代英翻译的《阶级争斗》

武汉是继北京、上海后全国第三个传播马克思主义的主阵地,涌现出恽代英、董必武、陈潭秋、李汉俊、黄负生、包惠僧、刘仁静、林育南等一批中国早期的马克思主义者和传播马克思主义的中坚人物,他们通过兴学校、创报刊、办书社、翻译出版《劳农政府与中国》《马格斯资本论入门》《阶级争斗》《共产主义与知识阶级》等书籍,对马克思主义的传播起到了重要作用。其中有些书籍的影响非常大,例如,恽代英翻译的《阶级争斗》和李汉俊翻译的《马格斯资本论入门》是两本宣传马克思主义的重要著作，毛泽东曾说自己受共产主义思想影响最深的三本书里面就有《阶级争斗》；《共产主义与知识阶级》这本书是中国共产党建立前在中国马克思主义者中间传播的水平最高的理论著作；恽代英、黄负生、刘子通等创办的《武汉星期评论》，是后来武汉共产党早期组织的机关刊物。

2. 武汉是中国共产党的重要发祥地

1920年8月，董必武、陈潭秋、刘伯垂、包惠僧、张国恩、郑凯卿、赵子健7人在武昌抚院街（今民主路）97号举行会议，决定成立共产党武汉支部，武汉成为继上海之后全国第二个成立共产党早期组织的城市。1921年7月，武汉作为全国最早建立党组织的六个城市之一，派出代表董必武、陈潭秋参加在上海、嘉兴召开、宣告了中国共产党成立的中共一大。董必武、陈潭秋在党纲等会议文件的起草过程中发挥了重要作用。中共一大召开时，武汉拥有7名党员，党员人数仅次于北京的16人、上海的14人，位居第三，占全国58名早期党员的12%。

3. 武汉是中国第一次工人运动高潮的顶点地

中国共产党成立后，积极推动工人开展以争取政治经济权利为目标的革命运动。1922年，武汉共产党组织先后领导粤汉铁路工人、汉口租界人力车工人、汉阳钢铁厂工人、汉口英美烟厂工人开展系列罢工斗争，并于1922年7月成立全国第一个地方性联合工会——武汉工团联合会。1923年2月，以江岸为中心声势浩大的京汉铁路工人大罢工，将中国第一次工人运动高潮推向顶点，充分彰显了中国工人阶级的伟大力量，锻炼了中国工人阶级队伍，巩固了中国共产党的阶级基础，扩大了中国工人阶级和中国共产党的政治影响。在这次罢工运动中牺牲的两位烈士——林祥谦、施洋，是中国共产党人的优秀代表，也是武汉这座英雄城市的标志性人物。

二七烈士纪念碑，碑后是武汉二七纪念馆

（二）反帝反封居中心，策源建军强党建

1. 武汉是中国大革命的中心地

1926年，北伐军胜利进军武汉不久，在上海的中共中央从9月开始陆续从各地抽调干部到武汉工作。1927年元旦，国民政府由广州迁至武汉。4月中旬，以中共中央执行委员会总书记陈独秀到汉为标志，中共中央机关正式迁驻武汉。据统计，当时中央机关在武汉的办公地点多达21处。中国共产党在武汉领导了轰轰烈烈的反帝反封建斗争，收回汉口英租界，开展国共合作，掀起以工农运动为核心的群众性革命运动高潮。武汉成为第一次国共合作的重要政治舞台和中国大革命中心。

位于汉口原俄租界四民街61号（今胜利街165号）的武汉中共中央机关旧址

2. 武汉是中共组织体系走向正规化的起始地

1927年4月27日至5月9日，在武汉召开的中国共产党第五次全国代表大会创造了党史上的多个"第一"：第一次选举了党的中央委员会，第一次选举产生了中央政治局、中央政治局常务委员会；第一次明确了中央、省委、市（县）委、区委、支部的系统组织体系，这一党的领导体制与组织体系一直沿用至今；选举产生了党的历史上第一个中央纪律检查监督机构——中央监察委员会；第一次在党章中正式提出党内实行民主集中制的组织原则。党的"五大"还提出争取无产阶级对革命的领导权、建立民主政权和实行土地革命等正确原则。与在上海时的党中央机关相比，武汉时期，党中央秘书厅和各部委有了相对固定的办公地点，初步形成了一些制度，如党员统计、登记制度，党员干

中共五大在武汉国立武昌第一小学（今武昌督府堤20号）举行开幕式

部审查、任免、调派制度，财务管理制度，文件送阅制度，秘密工作制度等。

3. 武汉是中国革命实现第一次历史转折的发生地

1927年7月15日，汪精卫集团背叛革命、实行"分共"，标志着中国大革命宣告失败。8月7日，中共中央在汉口原俄租界三教街41号秘密召开紧急会议，即八七会议。这次会议总结了大革命失败的教训，着重批评了大革命后期以陈独秀为首的中央所犯的右倾错误，确立了实行武装起义和土地革命的方针。毛泽东出席这次会议并作发言，强调"以后要非常注意军事，须知政权是由枪杆子中取得的"。八七会议是在中国革命处于紧急关头召开的一次重要会议，给正处在思想混乱和组织涣散中的中国共产党指明了新的道路，为挽救党和革命作出了巨大贡献，使党领导的中国革命实现第一次历史性转折，开始进入土地革命战争时期，走上了以农村包围城市、武装夺取政权的正确道路。

八七会议在汉口三教街41号（今汉口鄱阳街139号）召开

4. 武汉是人民军队建军的策源地

1927年春夏，中共中央在武汉期间完成了军事工作方针的转变，培养了大批军事干部，扩大和组建"自己可靠的军队"，策划并领导了南昌起义和秋收起义。参加三大起义的主力部队都在武汉完成组建、扩编，并从武汉集结出发。叶挺独立团从广东开始北伐的时候只有一个团，到武汉来了以后扩编成五个团，这是中国共产党直接掌握的武装力量。此外，中国共产党还影响和掌握着由蒋先云担任团长的国民革命军第十一军二十六师七十七团、由卢德铭担任团长的国民革命军第四集团军第二方面军总指挥部警卫团、由武汉中央军事政治学校改编的第四军教导团等武装力量。经过统计，武汉时期中国共产党直接掌握的武装力量是

15 到 20 个团。参加南昌起义的主力部队为贺龙率领的第二十军、叶挺率领的第十一军第二十四师，还有朱德率领的第三军官教育团部分学员和南昌市公安局保安队，再加上准备动员参加起义的蔡廷锴第十师和计划在起义后赶到南昌的第四军第二十五师；参加秋收起义的主力是国民革命军第二方面军总指挥部警卫团；参加广州起义的主力是国民革命军第四军教导团。其他起义如鄂南暴动、黄麻起义等也是在武汉决策的，一些起义领导人和骨干也是由武汉派出的。

5. 武汉是党培养高级领导干部的摇篮地

第一次国共合作是在大革命高潮时期，很多党内优秀人才汇聚江城。毛泽东、周恩来、刘少奇、任弼时等都进入了第五届中央委员会，他们在中国革命发展中发挥了中流砥柱作用。大革命失败后，中央先后3次在武汉设立长江局，一大批党员干部在武汉锻炼成长。1955年人民解放军首次实行军衔制的十位元帅、十位大将，都有在武汉进行革命工作的经历。1989年中央确定的36位军事家中，至少有34位在武汉从事过革命工作。武汉两湖党校、武昌中央农民运动讲习所、武汉中央军事政治学校等为后来的中国革命和建设培养了大批党政军人才。

其中，武汉中央军事政治学校由邓演达、谭延闿、恽代英三名常委负责，恽代英担任政治总教官，实际主持军校工作。1927年2月12日军校开学后，有大量共产党员进入军校学习或任教，如政治部主任施存统，文书陈毅（党内职务是军校中共党团书记），政治大队第一队队长徐向前、二队队长吴展、四队队长廖运泽等。学员中也有许多共产党员，如红一军团参谋长徐彦刚、红四军十二师政委张赤男、红五军团参谋长陈伯钧、红二十五军军长程子华,以及后来成为人民解放军大将的罗瑞卿、许光达,上将张宗逊、杨至成、郭天民等,都是武汉中央军事政治学校培养的学生。武汉中央军事政治学校也因此被誉为"红色黄埔"。

红极一时的武汉中央军事政治学校不仅因为革命性、战斗性、纪律性强而政治上"红",更引人注目的是它有一支不爱红装爱武装的女生队,为这所"党纪似铁,军令如山"的学校增添了一道亮丽风景。军校共招收了183名女生。在这支富有传奇色彩的女生队中,涌现了红军第一位女司令胡筠、抗日女英雄赵一曼和游曦、张瑞华、黄杰、危拱之等优秀代表。

武昌中央农民运动讲习所则培养出了大量农民运动骨干,他们被派往各地担任农民运动特派员或回乡从事农民运动,参与领导当地的武装斗争和创建革命根据地,为中国革命事业作出贡献。

武汉中央军事政治学校开学盛况

6. 武汉是毛泽东思想的萌芽地

毛泽东的一些重要思想是在武汉萌芽的。毛泽东在湖南进行实地考察之后,在武汉完成了《湖南农民运动考察报告》。这个报告完成之后,在当时影响很大。在农民问题上,毛泽东指出:中国的农民问题就是一个土地问题;不使农民得到土地,农民将不能拥护革命;要普遍解决农民土地问题,必须大力武装农民,建立农民革命政权。在统一战线问题上,提出要争夺革命领导权。面对革命危机,毛泽东主张"上山",此即工农武装割据理论之先声。毛泽东上井冈山不是突然心血来潮,他是早就有这个思想准备。1927年6月,一些党员和骨干积极分子从湖南来武汉向国民政府请愿,毛泽东对他们说,山区的人上山,滨湖的人上船,拿起枪杆子进行斗争,武装保卫革命。这个时候毛泽东在思想上就已经有了"上山"的萌芽。随后,在7月4日的中共中央政治局常委会上,毛泽东再次提出了"上山",说"上山可造成军事势力的基础",否则"一到事变我们即无办法"。

(三)伟大转折挽狂澜,浴血斗争探新路

大革命失败之后,武汉陷入了白色恐怖和血雨腥风之中,党中央在汉口召开了八七会议,确定了土地革命和武装反抗国民党反动派的总方针,为挽救党和革命作出了巨大贡献。武汉党组织在1928年2月到1929年3月期间,就先后经历了四次大破坏和三次重建,向警予等成百上千的共产党人,为了理想信念和革命事业浴血斗争,夏明翰留下了"砍头不要紧,只要主义真。杀了夏明翰,还有后来人"等气贯长虹的千古绝唱,这是武汉作为英雄城市的历史底蕴。黄麻起义之后,中国工农革命军第七军

在木兰山坚持开展武装斗争,发动游击战争,从木兰山星火燎原到大别山红旗不倒,在中国革命道路的探索史上留下了光辉的篇章。

除了城市的英勇斗争之外,在武汉的郊区、郊县、农村也有很多英勇的斗争和可歌可泣的英雄事迹。汉阳的红色战士公墓中,有很多1927年汪精卫"分共"后到1928年底牺牲的烈士。这些烈士中,有当时的中共湖北省委委员和汉口、武昌市委书记等一批领导干部。

位于龟山风景区内的红色战士公墓

(四)团结救亡掀高潮,砥柱中流抗日寇

1. 武汉是全民抗日救亡运动的高潮掀起地

全民族抗战初期,中共中央在武汉第三次成立长江局,前两次分别是在1927年、1930年成立的。当全民族抗战烽火燃起之时,周恩来、项英、秦邦宪、董必武、叶剑英等中共领导人在武汉领导长江局，恢复重建南方十三省党组织，建立抗日救亡团体，发行抗日救亡报刊书籍，阐明中国共产党抗战立场；推动实际受中国共产党领导的国民政府军事委员会政治部第三厅开展了一系列规模宏大、气势磅礴、盛况空前的抗日文化活动，团结一切爱国力量共赴国难，掀起了全民族抗日救亡运动高潮。全面抗战初期，中国共产党在武汉领导的抗日救亡运动，宣传了党的抗日主张，显示了爱国主义精神的强大凝聚力，巩固和扩大了抗日民族统一战线，有力促进了国民党的积极抗战，开创了中国共产党领导的民众运动新篇章。

1938年3月，国民政府军事委员会政治部副部长周恩来（前排左四）、第三厅厅长郭沫若（前排左五）和第三厅部分工作人员合影

在周恩来、郭沫若等中国共产党人的领导下，武汉组织开展了轰轰烈烈的"七七"献金运动，其间，献金台前人潮汹涌，从中国共产党人到国民党人，从八路军将士到普通民众，参加献金者达百万人。献金运动广泛动员了群众参与，极大地

唤醒了中国人民的民族意识和爱国情绪，有效激发了全民族的抗战热情。

2. 武汉是党领导的人民军队新四军的诞生地

新四军的成立可谓一波三折。在西安事变和平解决后，国民党采取"北和南剿"的方针，在北方基本上停止了对陕甘宁边区的进攻。但在南方加紧"剿共"，企图于国共第二次合作之前消灭南方红军游击队。但迫于全国抗日战争形势的危急，国民党当局对南方各省红军游击队的方针发生了变化，由以"剿"为主改为以"抚"为主。由此推动了国共双方在南方各省红军游击队改编问题的谈判进程。改编军队的领导人问题是国共双方谈判的重点，一直没有达成共识。1937年7月，周恩来在上海遇到了从澳门返沪请缨抗战的北伐名将叶挺，考虑到叶挺或许是蒋介石能够接受的领导南方红军游击队的合适人选，就同叶挺商量，提出由他"整编游击队"的初步设想。叶挺回国本意也是为抗战报国，于是欣然答应周恩来这一建议，并开始向南京国民政府积极活动。比起不得不任命一位中共方面的军长，对于已脱离中共十年之久的叶挺，国民党当局当然是求之不得的。9月28日，蒋介石在事先没有征得中共中央同意的情况下，便通过国民政府军事委员会发出通报，宣布"由委员长核定""任命叶挺为新编新四军军长"。

为什么叫"新四军"呢？在与周恩来谈话之后，叶挺找到自己保定军官学校的老同学、当时正在上海指挥作战的第三战区前敌总指挥陈诚，提出将南方红军游击队改编成一个军，番号为"国民革命军新编第四军"，以示继承北伐战争时期老四军的光荣传统。国民党单方面任命叶挺之后，远在延安的中共中央并不清楚叶挺出任新四军军长的详情和他本人的政治态度，便希望叶挺去延安一趟。叶挺于 1937 年 11 月 3 日抵达延安，表示愿在中共的领导下开展工作。中共中央领导人在与叶挺谈话之后，决定其担任新四军军长。11 月 12 日，叶挺抵达武汉，组建新四军筹备处，着手筹建新四军军部。12 月 25 日，在叶挺、项英等人的主持下，新四军军部的第一次会议在汉口日租界大和街 26 号召开，标志着新四军军部在汉口正式成立。

1938 年 1 月，新四军军长叶挺（中）、副军长项英（右二）、参谋长张云逸（左二）、曾山（右一）、傅秋涛（左一）在汉口合影

新四军组建后，较快完成集中整编，迅速东进开赴抗日战场，独立自主地在江淮河汉地区开辟华中敌后抗日根据地，开展艰苦的抗日游击战争。在武汉保卫战期间，新四军在华中敌后战

场积极开展军事斗争，先后取得 134 次战斗胜利。全军由 1 万人发展壮大到 2.5 万余人，有效牵制了大量日军兵力。

武汉沦陷期间，以李先念为师长的新四军第五师将司政指挥机关驻扎于武汉黄陂姚家山，在武汉城区近郊的黄陂、汉阳、蔡甸、新洲、江夏建立若干抗日根据地和游击区，对武汉日军形成战略包围，开展大大小小无以数计的战斗，其间取得了新四军军史上著名战役——侏儒山战役的辉煌胜利，有力地打击了日伪军势力。在孤悬敌后的 7 年艰苦卓绝战斗中和日、伪、顽三面夹击的险恶形势下，新四军第五师由最初南下的 160 余人发展壮大为 5 万雄师劲旅，创建了地跨鄂豫皖湘赣的抗日民主根据地，对武汉形成战略包围。新四军第五师得到中共中央"发展第一，独立工作第一"的高度评价。

3. 武汉是国际反法西斯统一战线东方战场的主阵地

1938 年的武汉会战是全国抗日战争爆发后战线最长、规模最大、持续时间最久的一次战役。日军投入兵力 30 多万，中国参战部队约 100 万。武汉会战主要在武汉外围展开，武汉本土发生的主要是空战。当时，中国共产党也有直接参战的部队，如新四军第一支队、第二支队、第三支队、第四支队。1938 年 3 月，鄂豫皖红军高敬亭部改编为新四军第四支队，从黄安（今红安）七里坪出发，开赴安徽抗日前线。5 月，第四支队一部在安徽巢县蒋家河口伏击乘船出扰的日军，此战揭开了新四军在华中敌后常规战争的序幕。

武汉保卫战中,中国军队用高射机枪向日军飞机射击

1956年刚建成时的苏联空军志愿队烈士墓

　　武汉会战爆发后,中国共产党坚持抗日民族统一战线的方针政策,一方面组织以新四军为主体的党领导的南方抗日武装力量,开展各种形式的抗日武装斗争,有力配合武汉会战,一方面积极推动各种爱国进步团体和进步报刊向国际社会宣传武汉的抗战形势,争取国际正义组织和友人支援武汉人民抗战工作。在正

义力量的感召下,加拿大和美国共产党向武汉派出援华医疗队,大批爱好和平的国际进步人士云集武汉,以各种方式支援中国抗战。据报道,在全面抗日战争期间,先后有2000多名苏联飞行员加入援华空军志愿队,他们中有200多人牺牲在中国战场。武汉解放公园内有苏联空军志愿队烈士墓,在方锥形大理石纪念碑上铭刻着为支援中国而英勇献身的29名苏军烈士的姓名。还有大家所熟悉的白求恩。1938年2月,白求恩从加拿大乘船到香港后,借道武汉前往延安,他在武汉停留的一个多月时间里,不分昼夜地抢救武汉抗战中受伤的军民,当年白求恩工作过的地方就是现如今的武汉市第五医院。在国共两党团结合作下,中国军民以巨大的民族牺牲,抗击侵华日军主力,大大消耗了日军有生力量,使整个抗日战争由战略防御转入战略相持阶段,也使武汉保卫战与同时期的西班牙马德里保卫战并称为世界反法西斯战争东、西方战场的主阵地,写下了世界反法西斯战争史上的重要一页。

(五)和平民主反内战,里应外合迎解放

在抗战胜利前夕,国民党企图夺取抗战胜利的果实。而在抗战后期,国民党的主要兵力都集中在中国大西南地区。武汉地处华中腹地,是大西南通往华北、华东、华南的交通要道和国民党调兵遣将进犯全国各解放区的必经之地。所以,国民党军队提前抢占了已被新四军第五师战略包围的武汉,拒绝在武汉外围坚持抗战的新四军第五师李先念部入城。中国共产党为争取和平民主,避免内战爆发,与国民党当局展开了多次谈判,并在汉口杨森花园签订《汉口协议》。但国民党当局一意孤行,悍然进攻中原解放区,发动全面内战。武汉近郊党组织被迫随中原军区部队

进行中原突围,由此拉开人民解放战争序幕。从 1945 年 8 月至 1946 年 6 月,中原军区通过 10 个月的战略坚持,牵制了 30 万国民党军队。毛泽东对中原战略坚持的胜利给予高度赞扬,说它"对于争取东北及华北的胜利有极大的帮助"。

另一方面,南方局和武汉周边解放区各级城市工作部秘密向武汉派遣力量,重建地下党组织,领导武汉人民开展第二条战线的斗争,武汉的地下斗争开展得惊心动魄。当时武汉的地下工作组织可以称为"三大三小"。"三大"包括中共湖北省工委、中共武汉市工委、中共武汉市委系统,中央社会部系统,城市工作部系统。这些系统下面又分了多个层级和分支,人员交叉重合,结构非常复杂。"三小"则包括中共中央上海局武汉中心小组、中共中央华中分局(华东局)第三工作委员会、中共中央上海局湘鄂特别委员会。除了"三大三小",武汉还有很多由中共领导的群众团体和秘密外围组织。华中分局第三工委书记、湘鄂特委委员徐楚光,是中国共产党隐蔽战线上的杰出战士,他潜伏敌营 18 年,屡建奇功,为党的情报事业做出了极其重要的贡献。1947 年,由于叛徒出卖,徐楚光在武汉被捕。因坚决拒绝了敌人重金收买、高官利诱,1948 年 10 月,徐楚光在南京被敌人杀害,终年 39 岁。徐楚光被捕之后,由张冰接任华中分局第三工委秘书、湘鄂特委委员,组织开展了大量地下工作,1948 年 6 月,张冰在长沙被特务抓获,随即押赴武汉,在武汉解放前夕英勇牺牲。1949 年 4 月,武汉地下党组织开展统战策反工作和"反搬迁、反破坏"斗争,里应外合迫使敌军弃城南逃,武汉兵不血刃迎来解放。

徐楚光

1949年5月,解放军入城部队行进在汉口中山大道,市民争睹其风采

二、自力更生、发愤图强,在完成社会主义革命和推进社会主义建设改天换地的伟大实践中,武汉敢于担当,成就辉煌

中华人民共和国成立后,中国共产党团结带领中国人民经过29年的社会主义革命和建设,消灭了在中国延续几千年的封建

剥削制度，确立社会主义基本制度，战胜帝国主义、霸权主义的颠覆破坏和武装挑衅，实现了中华民族有史以来最为广泛而深刻的社会变革，彻底改变了旧中国一穷二白的面貌，为实现中华民族伟大复兴奠定了根本政治前提和制度基础。

在社会主义革命和建设时期，党团结带领武汉人民建立巩固新生的人民政权，迅速恢复发展国民经济，稳定市场物价，推进土地改革和城市民主改革，全面开展社会改造，荡涤旧社会浊水污泥，城市面貌焕然一新。在党的过渡时期总路线指引下，武汉顺利完成了对农业、手工业和资本主义工商业的社会主义改造，确立社会主义基本制度，为后来的发展进步奠定了根本政治前提和制度基础。同时，武汉积极投入国家工业化建设，新建一批在全国具有重要地位的大型企业，成为全国重要工业基地之一。

（一）引领中南立功业，华中明珠放异彩

1. 武汉是中南局统筹领导中南地区社会主义革命和建设的指挥地

作为中南大行政区辖市，武汉一度成为党中央在中南地区的党政军首脑机关所在地。1953年3月成为中央直辖市，1955年、1962年两度被中央作为计划单列市。中共中央中南局、中南军政委员会代表中央在武汉统一领导河南、湖北、湖南、江西、广东、广西中南六省和武汉、广州两市，进行清匪反霸和镇压反革命，开展土地改革，恢复国民经济，推行城市民主改革以及发展教育、科学、文化、卫生事业。武汉在党领导巩固新生的人民政权、有效解放生产力并顺利完成社会主义改造和过渡方面进行了许多在全国具有开创意义的实践，发挥了中心城市的作用。

2. 武汉是党中央若干重大决策的作出地

新中国成立之初，为充分发挥武汉作为中南地区政治、经济、文化、科教和交通运输中心作用，党的第一代领导集体成员多次在武汉开展重大工作调研、召开重要会议，并作出系列重大决策。1953年2月，新中国成立后毛泽东第一次视察武汉，其中有一项行程是登上长江舰，视察海军舰艇部队。在这次视察期间，毛泽东指出："为了反对帝国主义的侵略，我们一定要建立强大的海军。"这对于人民军队建设是一个重要决策。1958年11月，党中央在武汉先召开中央政治局扩大会议（通称"武昌会议"），讨论人民公社和1959年国民经济计划安排等问题；随后召开中共八届六中全会，通过《关于人民公社若干问题的决议》《中共中央关于1959年国民经济计划的决议》和《同意毛泽东提出的关于他不作下届中华人民共和国主席候选人的建议的决定》，全会研究讨论高指标、浮夸风的问题和1959年国民经济计划的有关问题，开始对推进"大跃进"、人民公社过程中"左"的错误进行纠正，这也是新中国成立后在武汉召开的唯一一次中央全会。1958年9月13日，毛泽东在武汉决定改变炮击金门的办法，从之前的每天都打，改成单打双不打。1959年3月16日，毛泽东在武汉听取处理西藏叛乱问题的汇报，对平定叛乱作出重要指示和决策。1974年，邓小平复出之后来到武汉会见毛泽东。10月4日，毛泽东让秘书打电话给北京，向中央政治局提议让邓小平担任中共中央副主席、国务院第一副总理、中央军委副主席兼总参谋长。

3. 武汉是新中国独立自主工业体系建设的重要落子地

为了改变国家工业布局不合理和国民经济发展不平衡的状

况,迅速建立起新中国独立的工业体系,党中央高度重视发挥武汉的作用,把武汉作为全国重要发展中心和华中重工业基地。武汉敢于担当历史重任,积极投入国家工业化建设,新建一批在全国具有重要地位的大型企业,成为全国重要的工业基地之一。"一五"时期,国家在武汉布局建设一批重点工程项目,如武汉钢铁公司、武汉重型机床厂、武汉锅炉厂、武昌造船厂、武汉肉联厂、青山热电厂、武汉长江大桥等,其中武钢、武重、青山热电厂是苏联援建的156个项目中的3项,共投资15亿元。这些项目均是事关我国社会主义建设前途的重大骨干工程。随着"一五""二五"计划的实施,武汉成为新中国重要的工业基地、重工业中心,从根本上改变了中部地区工业基础薄弱的局面,优化了全国工业布局,为构建新中国独立自主的工业体系和国民经济体系、保障国家安全发挥了十分重要的作用。到1965年,武汉市工业总产值居全国大城市第五位。

1958年9月13日,武汉钢铁公司一号高炉建成投产庆典

（二）城市建设展新姿，科教文化增实力

武汉是全国科教资源富集地。新中国成立不久，党对全国教育、科学、文化、卫生事业进行全面除旧布新。1953年，为适应工业专业人才的迫切需要，按照中央对高等学校进行院系调整的指示，中南区对武汉地区的多所学校和相关科系进行调整。调整完成后，武汉共设有11所高等学校：武汉大学、华中工学院、武汉河运学院、华中农学院、中南同济医学院、湖北医学院、中南财经学院、中南政法学院、华中师范学院、中南音乐专科学校和中南美术专科学校，使武汉成为全国高等教育资源聚集的重要地区，初步奠定了武汉作为华中乃至全国科教中心的基础。经过70多年的持续发展，如今的武汉拥有高校90多所，在校大学生130多万。

三、解放思想、锐意进取，在推进改革开放和社会主义现代化建设翻天覆地的伟大事业中，武汉敢为人先，善于创新

党的十一届三中全会后，中国共产党团结带领中国人民经过30多年的改革开放和社会主义现代化建设，取得了举世瞩目的伟大成就，确立了党在社会主义初级阶段的基本路线，形成了中国特色社会主义理论体系，成功开辟了中国特色社会主义道路。党领导下的社会主义中国实现了从高度集中的计划经济体制到充满活力的社会主义市场经济体制、从封闭半封闭到全方位开放的历史性转变，实现了从生产力相对落后的状况到经济总量跃居世界第二的历史性突破，实现了人民生活从温饱不足到总体小康、奔向全面小康的历史性跨越，为实现中华民族伟大复兴提供了充满新活力的体制保证和快速发展的物质条件。

(一)"两通突破"开新局,综合改革为人先

1. 武汉是全国若干改革开放经验形成的先发地

改革开放时期,武汉人民充分发扬"敢为人先、追求卓越"的城市精神,大胆先行先试,勇于开新局、闯新路,积极首提首创首试,在全国率先推出一系列具有开创性、示范性、推广性的改革开放"武汉模式",推动武汉从传统计划经济向社会主义市场经济转轨,从老工业基地向先进制造业基地升级,从科教重镇向创新型城市跃升,实现武汉新旧动能接续转换,促进武汉质量效益同步提高,为全国各地改革开放实践提供了可资借鉴的经验。1979年,武汉在汉正街恢复开放小商品批发市场,率先将个体私营经济推上中国市场经济舞台,由此拉开全国商业流通体制改革的序幕。汉正街一时间成为全国个体私营经济发展的排头兵和改革开放的风向标,被誉为"天下第一街"。1979年,武汉洗衣机厂公开进行"荷花"牌洗衣机配套件全国招标,这一首创的企业招投标"荷花模式",迅速被全国企业学习和推广。1981年1月,武汉在国内率先成立科学技术服务公司,首次提出"科技成果商品化,科技服务社会化"的理念。同年8月,成功举办全国第一个技术交易会,首次将技术成果作为商品推向流通领域,并被作为促进科技成果转化的新形式迅速在全国推广。1984年11月,武汉又成立全国第一家技术市场。作为中国技术市场的发源地,武汉为我国技术市场的开拓和发展作出了历史性贡献。在推进国企改革上,武汉在全国较早推行厂长负责制,1984年聘请德国人格里希为武汉柴油机厂厂长,在两年多的时间里,通过强化质量意识,进行企业管理体制改革,使武汉生产的

柴油机整机质量得到提高,并开始出口,为武汉经济发展作出重要贡献。此外,武汉还在全国第一个建立产权交易市场和放开蔬菜价格,率先进行金融体制改革试点和社会保障体制改革试点及国有资本营运改革试点。这一系列先行先试举措,不仅使武汉多次成为全国改革的风向标,而且多项举措被转化为国家政策。

20世纪80年代的汉正街小商品市场

2. 武汉是中国特色政党协商的经验探索地

自1984年起,根据中共中央的有关部署和要求,为了更好地坚持和完善党领导的多党合作和政治协商制度,中共武汉市委结合整党、开展城市经济体制综合改革试点等重大工作,多次组织各民主党派、人民团体和无党派人士召开协商会议,广泛征求意见,请他们对武汉经济社会发展的重大问题献计献策。为了使这种有效的政党协商形式制度化、经常化,武汉市委建立了"双月座谈会"制度,主要任务是加强同各民主党派、人民团体和无党派人士的联系，听取党外朋友对市委贯彻执行党的路线、方针、政策的意见和建议，并就全市的大政方针、重大决策向党外朋友通报情况，进行协商，接受监督。中央统战部对这一制度给予充分肯定，并向全国推广武汉的做法和经验。1989年，武汉的经验做法被吸纳进《中共中央关于坚持和完善中国共产党领导的多党合作和政治协商制度的意见》中，成为加强党和各民主党派之间合作协商的四种基本形式之一。

3. 武汉是全国城市经济体制综合改革的先试地

1992年11月20日，市民在江汉路武汉证券公司门前排队购买武商股票

1984年，党中央、国务院明确武汉作为全国第一个进行经济体制综合改革试点的省会城市。随后以专门文件批准《中共

武汉市委、武汉市人民政府关于武汉市经济体制综合改革试点实施方案的报告》。此后，为促进经济体制综合改革工作的全面推进，国家又决定武汉计划单列，赋予省一级经济管理权限，下放中央和省属在汉企业。武汉市委、市政府抓住这一难得的历史机遇，作出并大力实施"两通（交通、流通）突破"、放开搞活的重大战略决策。1987年，武汉在东湖成立新技术创业中心，此为我国第一家科技企业孵化器。1992年，"鄂武商"在深交所上市，成为中国商业第一股。2006年，武商又完成股权分置改革，成为全国第一家同时拥有商业资本、金融资本和产业资本的大型股份制企业。从1984年到1998年，武汉先后进行两轮城市综合配套改革试点，并进行了涉及科技、金融、社会保障、法制建设、搞活企业以及小城镇综合改革等多个单项改革试点。这些改革试点的开展，促进了武汉改革的全面开展和不断深化，在全国产生重大影响。

4. 武汉是邓小平视察南方谈话的首站地

1992年初，中国改革开放的总设计师邓小平，以88岁高龄到南方视察调研并发表谈话，他这次视察南方发表谈话的第一站就是武汉。1月18日，专列在武昌火车站短暂停留，邓小平与湖北省、武汉市党政负责人漫步月台、亲切交谈。他强调：要毫不动摇地坚持党"一个中心、两个基本点"的基本路线，改革也是解放生产力；社会主义的本质是解放生产力，发展生产力，消灭剥削，消除两极分化，最终达到共同富裕；要在坚持"三个有利于"标准的前提下，大胆进行试验，抓住时机，发展自己，关键是发展经济；坚持两手抓，两手都要硬，打击各种犯罪活动,扫除各种丑恶现象,手软不得;在整个改革开放过程中都要反对腐败,要把廉政建设作为大事来抓。这次谈话,是邓小平对我党自十一届三中全会以来的基本理论和基本实践的深刻总结,对长期以来束缚人们思想的许多重大认识问题给予了科学回答,是把改革开放和现代化建设推向新阶段的又一个解放思想、实事求是的宣言书。

1992年邓小平南方谈话,武汉作为南方谈话第一站,加快了建设社会主义市场经济体制的步伐,先后实施"五个一批""壮大放小"和现代企业制度试点等重大举措,转换国有企业经营机制,调整完善所有制结构。1991年3月,国务院批准武汉东湖新技术开发区为国家级高新技术产业开发区;1993年4月,武汉经济技术开发区获得国务院批复同意设立,实行沿海开放城市经济技术开发区政策。两个国家级开发区成为武汉市改革开放的高地和经济发展的重要增长点。

1991年12月1日,关东科技工业园破土动工,拉开了武汉东湖新技术开发区建设的大幕

（二）"两型"建设作示范，"和谐武汉"结硕果

进入新世纪后，武汉大力实施"科教兴市""开放先导"战略，实施体制创新、科技创新、城市管理创新，转变经济增长方式，走新型工业化发展道路，积极推进资源节约型、环境友好型"两型社会"建设。

武汉充分利用获批为"全国资源节约型和环境友好型社会建设综合配套改革试验区"和"国家自主创新示范区"的优势，积极探索推动"1+8"城市圈构建，大力发展循环经济和高新技术产业，加快建设金融中心和环保产业基地，推进滨江滨湖城市建设，同时发挥武汉独特的水资源优势，总体规划建设武汉新港，全力以赴精心打造"武汉·中国光谷"。随着"工业强市"战略和"工业倍增"计划全面实施，武汉综合经济实力也迈上新台阶，地区生产总值进入全国副省级城市第一方阵，"创新武汉"与"和谐武汉"建设成就斐然。

武汉是国家许多重大战略的聚焦地。改革开放以来，特别是进入中国特色社会主义新时代，基于长期发展所形成的物质和改革开放经验积累，党和国家对武汉寄予了更高的期望，赋予了更重的任务，将一大批国家全面深化改革、扩大开放重大战略放在武汉，要求武汉大胆探索创新。武汉不辱使命，奋力作为，取得了许多可圈可点的成绩。2007年12月，国务院批准武汉城市圈为"全国资源节约型和环境友好型社会建设综合配套改革试验区"。十多年来，武汉作为城市圈龙头城市，辐射带动圈内各市认真贯彻新发展理念，坚持科学发展观，积极深化改革，不断增强区域综合实力和可持续发展能力，使武汉城市圈在促进中部地

区崛起和区域协调发展中发挥了更大作用,为推动全国科学发展提供了经验示范。2010年1月,国务院批准东湖新技术开发区建设国家自主创新示范区,这是继中关村后中国第二个"国家自主创新示范区",也是中部地区首个国家自主创新示范区。十年来,按照"国内一流、世界知名"的建设标准,武汉积极推进国家自主创新示范区建设,加快培养和聚集一批优秀创新创业人才,研发转化一批国际领先的科技成果,形成了一批具有全球竞争力的战略性新兴产业集群。2020年,在疫情的严重影响下,武汉东湖新技术产业开发区国内生产总值仍实现5%的增长,突破2000亿元。

四、自信自强、守正创新,在迈进中国特色社会主义新时代和开启全面建设社会主义现代化国家惊天动地的伟大征程中,武汉勤于探索,乐于奉献

党的十八大以来,中国特色社会主义进入新时代,党团结带领中国人民统筹推进"五位一体"总体布局、协调推进"四个全面"战略布局,坚持和加强党的全面领导,坚持和完善中国特色社会主义制度、持续推进国家治理体系和治理能力现代化,在全面建成小康社会后,开启了建设社会主义现代化强国的新征程。党和国家事业取得历史性成就、发生历史性变革,为实现中华民族伟大复兴提供了更为完善的制度保证、更为坚实的物质基础、更为主动的精神力量,实现中华民族伟大复兴进入了不可逆转的历史进程。

进入中国特色社会主义新时代,武汉各级党组织和政府部门坚持以习近平新时代中国特色社会主义思想为指导,认真贯彻落实新发展理念，构建新发展格局，立足高质量发展，围绕建设国家中心城市，推进两型社会建设，聚焦自主创新，深化社会治理创新实践，全面深化经济社会发展各领域改革，夺取了疫情防控武汉保卫战的决定性成果，奋力打造新时代英雄城市，全面开启武汉社会主义现代化建设新征程。

（一）建国家中心城市，担发展战略使命

武汉从 2011 年 12 月提出"建设国家中心城市，复兴大武汉"的奋斗目标后，不断加快建设国家中心城市的步伐，陆续承担了"一带一路"、长江经济带、中部崛起等国家重大战略，以及全面创新改革试验区、自主创新示范区、自由贸易试验区、"两型"社会建设综合配套改革试验等国家重大改革发展试点。武汉的发展和创新由此进入"快车道"。中国（湖北）自由贸易试验区武汉片区落户光谷；《武汉市系统推进全面创新改革试验方案》获得国务院批准；存储器产业基地、国家航天产业基地、国家网络安全人才与创新基地、国家新能源和智能网联汽车基地（智能汽车与智慧交通应用示范区）、生物医药基地、数字媒体工程技术中心等一大批重点项目落户武汉；在汉国家高新技术企业超过 8500 家，在汉投资的世界 500 强企业达 309 家。中法武汉生态示范城及长江新城（区）建设正式启动；武汉作为全国性综合交通枢纽之一的定位，推进了武汉长江中游航运中心、武汉新港阳逻港区进港铁路、国际航空港的建设以及"一带一路"项目"汉新欧"班列的开通。随着一系列国家重大战略聚焦叠加武汉，武汉迎来最好的发展机遇期，插上了腾飞之翼。

武汉抓住这一历史性机遇，充分发挥产业基础、科教人才、

区位交通、发展空间、生态禀赋等方面优势,加大力度深化改革,扩大开放,实施工业倍增计划,城市综合经济实力实现跨越,经济规模和质量效益同步提升,经济总量向2万亿大关冲刺,建设国家中心城市、复兴大武汉有了坚实基础。

1. 武汉是诸多全面深化改革新举措的展开地

党的十八大以来,武汉认真贯彻落实党中央关于全面深化改革的各项重大决策部署,坚持问题导向,高强度推进经济社会发展各领域全面深化改革,积极推出一系列在全国范围内有重大影响的改革创新举措。推出"电视问政",盯住突出问题治庸问责;推行"城管革命",探索超大城市治理现代化新路子;实施"四大资智聚汉工程"(包括成立全国首个实体化招才局、全国首个科技成果转化局),壮大城市实力;开展"三乡"工程,促进乡村振兴;推出"四办"改革,优化营商环境;构建"四水共治"机制,强化绿色发展;实施"红色引擎工程",探索以党建为引领的社区治理新模式;成立"网上群众工作部",更好践行党的群众路线。其中有很多改革措施得到中央和国家有关方面的充分肯定,并在全国推广。如武汉市率先探索的土地"三权分置"(明晰土地所有权、稳定土地承包权、放活土地经营权)改革,获得了中央高度肯定,被提炼写入十八届三中全会报告。武汉农村综合产权交易所形成的"交易—鉴证—抵押"的"武汉模式"、国地税联合办税、知识产权"三合一"审判机制改革等一批经验做法在全国得到复制推广。

2. 武汉是中国科技创新勇攀高峰的要塞地

武汉作为全国科教重镇、高新技术产业重镇和自主创新重

镇,自新中国成立特别是改革开放以来,一直是中国科技创新的战略要地。以1978年全市首次科技大会为标志,武汉认真贯彻党中央"科教兴国"战略,不断加快科学技术事业发展步伐,注重以科技人才为本,以科技体制改革为动力,大力提高科技自主创新能力,努力建设科技强市。40多年来,通过出台《关于科技体制改革的实施方案》、《武汉跨世纪科技进步战略》、《武汉市科技创新促进条例》和东湖国家自主创新示范区科技成果转化体制机制创新"黄金十条"、实施"院士经济"发展工程、创立科技金融改革试验区、推出全国区域股权市场首个科技板等科技新政,不断完善科技创新体制机制。目前武汉的创新能力位居全国第五,科技创新优势明显,在军工、航天、通信等诸多领域创造了全国乃至世界领先的业绩。仅"十三五"期间,武汉地区就获得国家自然科学奖、科技进步奖、技术发明奖等国家级科技奖励129项,居副省级城市前三名。2019年,中国第一代核潜艇总设计师黄旭华院士获得国家最高科学技术奖和共和国勋章。

(二)全面小康传捷报,绿色发展谱新篇

在全面建成小康社会方面,武汉认真贯彻落实习近平总书记关于扶贫工作的重要论述和中央脱贫攻坚方针政策,凝心聚力,克难攻坚,围绕"两不愁三保障",坚持"六个精准",实施"八大工程",构建了全方位的帮扶体系,决战决胜打赢脱贫攻坚战,实现了全市建档立卡的8.85万贫困人口全部脱贫销号,271个贫困村全部脱贫出列,到2020年圆满完成了脱贫攻坚任务。

1. 武汉是中国体育事业发展成果的重要展示地

党的十一届三中全会后,武汉不断深化体育事业发展体制机

制改革，加大竞技体育人才培养力度，加快建设公共体育设施，实现了体育事业和体育产业的长足发展。从1984年第23届奥运会到2016年第31届奥运会，武汉籍运动员周继红、陈静、伏明霞、乔红等11人，共计摘取奥运会金牌13枚。在多项世界重大体育赛事上，韩爱萍、李娜等武汉籍运动员为国家争得羽毛球、网球世界冠军系列荣誉。在第1届至第7届全国城市运动会上，武汉运动员共夺得金牌139枚，金牌数位居全国前列。武汉市硚口区还被誉为"奥运冠军的摇篮"。近年来，武汉成功举办或承办了亚洲举重运动会、第六届全国城市运动会、全国跳水冠军赛、全国体操锦标赛、"汤尤杯"世界羽毛球锦标赛、男篮世界杯和武汉网球公开赛等一系列国际国内高水平顶级体育赛事，并从举办陆上马拉松到"五马奔腾"（武汉马拉松、武汉水上马拉松、世界飞行者大会、国际赛马节、中国汽车摩托车大会），成为能够常年举办各类高级别体育赛事的国际性体育强市。特别是2019年10月，武汉成功举办第七届世界军人运动会，中国人民解放军体育代表团取得金牌榜和奖牌榜第一名的成绩，向世界展示了中国体育事业发展的成就，也彰显了武汉体育事业的发展实力。武汉还创造了军人运动会历史上多个"之最"：比赛项目数量最多、比赛规模最大、参赛人员最多、第一次在一个城市举办所有的比赛项目。习近平总书记对此给予了高度肯定：第七届世界军人运动会的成功举办，体现了中国气派、军人特色，实现了"办赛水平一流、参赛成绩一流"的目标；这次国际军事体育盛会的成功举办，向世界展示了新时代的中国形象，宣示了中国和平发展主张；湖北省及武汉市以高度的政治责任感精心组织、精

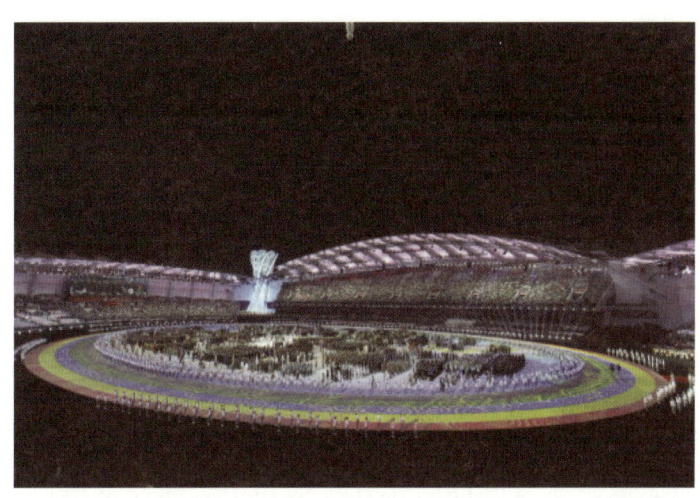

2019年10月18日晚,第七届世界军人运动会在武汉体育中心开幕

益求精,广大市民以主人翁姿态热情参与、积极奉献,为军运会圆满成功作出了重要贡献。

2. 武汉是人民群众获得感满满的平安幸福地

在百年党史上,武汉曾为保证党中央的安全作出过重大贡献。1927年5月,针对四一二反革命政变后国民党反动派大肆捕杀共产党人的严峻形势,中共中央军委在汉口余记里12号设特务工作处,在保卫中央和各级党组织安全、获取各种有价值情报方面发挥了重要作用,使武汉成为中共警政保卫机构的发源地,为中央特科的建立奠定了基础。新中国成立70多年来,特别是进入改革开放新时期和中国特色社会主义新时代,武汉一直把加强社会主义民主法治建设、推进全面依法治市作为全面建成小康社会的重要保障。积极加强地方立法,坚持严格执法,切实改进法律服务,不断提高人民群众的获得感、安全感、幸福感。1958年,武汉成立的女子交警班培训出中国第一批女交警,她们

中的代表受到毛泽东等中央领导接见。公安部部长罗瑞卿称赞她们是"开路先锋，为祖国争了光，为武汉争了光"。特别是近年来武汉通过出台《推进法治武汉建设的意见》、深化司法和公安警务运行机制改革和坚持依法严厉打击犯罪活动，深入推进扫黑除恶，开展"群众最满意的平安城市"创建活动，大规模化解信访积案，强化普法教育，在依法治市上迈出更坚实步伐。2018 年、2019 年，"武汉微邻里"入选中央政法委新时代"枫桥经验"典型案例和全国"雪亮工程"十大创新案例。武汉"万名干部普法行"活动等做法被国家有关部门充分肯定和中央媒体报道，2013 年、2017 年、2021 年，武汉连续三次被国家授予"长安杯"。

3. 武汉是中国特色社会主义道德建设的高光地

武汉是一座充满深厚思想道德底蕴的历史文化名城，历来重视社会主义精神文明建设。1980 年 6 月，武汉提出建成社会主义道德高尚城市的目标。1984 年，武汉在全国率先推出"五讲四美三热爱"活动。1987 年，武汉率先制定精神文明战略规划。进入中国特色社会主义新时代，中共武汉市委、武汉市人民政府更是把加强社会主义精神文明建设作为增强人民群众获得感的重要抓手，扎实推进全国文明城市创建工作，蓬勃开展群众性精神文明创建活动，广泛弘扬社会主义核心价值观。武汉精神文明领域法规制度建设位居全国领先方阵，在全国较早推出《武汉市文明行为促进条例》《武汉市志愿服务条例》等地方性法规。2014 年，武汉荣膺第四届全国文明城市称号，至今已蝉联三届。武汉涌现出"人民英雄"国家荣誉称号获得者张定宇和全国道德模范称号获得者吴天祥、黄旭华和马旭等各类榜样。据统计，武汉现有全国文明村镇 14 个、全国文明单位 40 个、全国文明家庭 5 个、全国文明校园 6 个、全国道德模范 15 人（数量位居全国同类城市首位）、全国道德模范提名奖 17 人、"中国好人" 105 人（组）、"时代楷模" 1 个（群体）、"感动中国"人物 16 人，呈现出道德群星璀璨的局面，被誉为"一城好人，道德高地"。习近平总书记曾对武汉"本禹志愿服务队"予以充分肯定和鼓励。中央文明办多次通报表扬武汉的文明创建工作。2009 年，中宣部、中央文明办、民政部和住建部联合发文，向全国推广武汉百步亭经验，中宣部、民政部把全国社区书记培训基地建在百步亭，连续三年为全国各地培训社区书记 6500 人。2020 年新冠肺炎疫情防控保卫战中，武汉积极发挥精神文明建设强信心、暖人心、聚民心的独特作用，创造性实施"志愿服务关爱行动"，得到习近平总书记和王沪宁、孙春兰等中央领导同志的重要批示肯定。

2019 年，第十期全国社区工作者培训班在百步亭社区开班

2020年2月25日，青山区青山镇街船厂社区志愿者给居民送爱心菜

4. 武汉是长江大保护宣言的发出地

党的十八大以来，以习近平同志为核心的党中央提出长江"共抓大保护，不搞大开发"的方针后，武汉积极贯彻习近平总书记的重要指示和党中央的决策部署，高度重视长江的生态环境保护工作。2005年4月，在武汉举办首届长江论坛，国务院有关部门和长江干流11省市区政府共同讨论长江流域生态环境保护，会议发表《保护与发展——长江宣言》。自2006年以后，中共武汉市委、武汉市人民政府成立长江大保护工作领导小组，进一步加大对长江生态环境保护的力度，出台《关于共抓长江大保护的实施意见》，实施建设"安澜长江""清洁长江""绿色长江""美丽长江""文明长江"五大行动。2016年1月5日，习近平总书记发出长江"共抓大保护，不搞大开发"的指示后，国家制定《长江经济带发展规划纲要》将这一理念明确为国家战略。2018年4月，习近平总书记在视察湖北、考察长

江经济带发展情况并召开座谈会强调长江经济带高质量发展要正确处理"五个关系"后,武汉坚持在做好长江武汉段的生态修复、环境保护、绿色发展三篇文章上狠下功夫。同年 11 月 3 日,在武汉举行的长江生物资源保护论坛,发表了《保护生命长江武汉宣言》,郑重承诺加快推进落实各项保护修复措施,推进长江流域生态文明建设先行示范。武汉还打响长江大保护十大标志性战役,推行长江经济带绿色发展十大战略性举措,全面排查破坏长江自然生态违规违法行为,全面落实长江治污截污,实施长江和汉江武汉段岸线造林工程等长江大保护工作,取得了良好成效。

2005 年 4 月 16—17 日,首届长江论坛在武汉举办

(三) 英雄城市展风貌,红色精神永传承

1. 武汉是党的领导核心探索中国特色社会主义道路的重要活动地

武汉作为中国经济地理中心、中国中部超大城市和全国重要经济中心，因其独特的城市地位和城市特质，经济社会发展一直是党的历代领导核心高度关注的重点。党的老一辈革命家和第一代中央领导集体许多成员都曾在武汉战斗生活过，对武汉有着深厚的感情。毛泽东同志一生钟情武汉，除了民主革命时期7次来武汉外，在新中国成立后，从1953年2月16日至1974年10月12日，46次莅临武汉，把武汉作为探索社会主义建设道路的重要政治舞台之一。他长期在武汉工作和生活，作出了一系列重要决策指示。如1953年2月16—19日，毛泽东在新中国成立后首次来武汉，调研由新民主主义向社会主义过渡问题。1954年11月26日，毛泽东、刘少奇、周恩来同乘专列从广州返回北京途中，在武汉停留，听取林一山关于长江流域规划和三峡工程设计工作汇报。毛泽东还多次在武汉举行外事活动。如1974年9月5日，在东湖梅岭一号会见多哥共和国总统纳辛贝·埃亚德马。邓小平同志一生7次来武汉，在江城留下光辉足迹。1927年，年仅23岁的邓小平从苏联回国，来到当时的中共中央所在地武汉，任中央秘书，为八七会议顺利召开，承担会议地址确定、会场布置、与会代表接待和会议记录等大量工作。新中国成立后，邓小平在探索中国社会主义道路和实现国家工业化的过程中，对武汉钢铁公司等"武字头"骨干企业给予亲切关怀和大力支持，到武钢视察三次，到武重视察一次。他肯定武钢4号高炉的建设是钢铁战线打的又一个淮海战役，强调指出：钢铁工业要搞大兵团作战，要科学组织、合理施工；搞建设，要有速度；要利用先进设备和技术，搞好产品质量；学习国际上的先进技术和经验，要有赶超世界先进水平的志气。1980年7月，邓小平到武汉重访八七会议会址。1992年，邓小平视察南方，首站停留武汉，所发表的重要讲话，对推动武汉的改革发展稳定发挥了重要指导作用。江泽民同志20世纪60年代曾在武汉工作过，担任中共中央总书记后，多次到武汉视察调研，1998年来武汉亲自指挥军民战胜了长江流域的特大洪水。胡锦涛同志担任中共中央总书记后，于2005年来武汉进行考察调研，2010年对武汉的援藏工作作出重要批示，要求将武汉的经验加以推广。习近平同志对武汉情深似海、厚望如山。党的十八大以来，习近平总书记十年五次考察湖北武汉，先后对湖北武汉作出"四个着力""四个切实"的重要指示。特别是2020年全国抗击新冠肺炎疫情期间，习近平同志以大国领袖的强烈担当，对打赢武汉保卫战进行科学部署，在疫情防控的关键时刻，不顾个人安危，亲临武汉一线调研指挥抗疫工作。在武汉保卫战取得决定性成果后，又提出要对武汉"搭把手、拉一把"，部署一揽子政策，支持武汉尽快复苏重振。最近一次是在2022年6月28日，习近平总书记在武汉考察时强调，必须完整、准确、全面贯彻新发展理念，深入实施创新驱动发展战略，把科技的命脉牢牢掌握在自己手中，在科技自立自强上取得更大进展。

2. 武汉是2020年全国抗击新冠肺炎疫情的决战决胜地

2020年初，一场来势汹汹的新冠肺炎疫情突袭武汉，这是新中国成立以来我国遭遇的传播速度最快、感染范围最广、防控难度最大的重大突发公共卫生事件。一时间武汉成为全国乃至全球抗疫的风暴眼，历史把武汉推到了抗击疫情最前沿。全市人民

在以习近平同志为核心的党中央坚强领导下和全国人民的大力支持下，按照党中央的统一部署，坚持人民至上、生命至上，坚决扛起打赢疫情防控人民战争、总体战、阻击战主战场责任，以一座千万人口大城自我隔离76天，换取全国、全世界的安全。各级党员干部、人民解放军指战员、医务人员、社区干部群众、志愿工作者，以生命赴使命、以大爱护众生，与病毒短兵相接、舍命相搏。积极开展疫情拉网大排查，筑起社区防控硬长城，改建新建专科医院和方舱医院，实行病患应收尽收、应治尽治。通过艰苦的生命救治战、防控保卫战、物资保障战、科技攻关战，用1个多月的时间初步遏制疫情蔓延势头，用2个月左右的时间将每日新增病例控制在个位数以内，用3个月左右的时间取得武汉保卫战的决定性成果。习近平总书记由衷地称赞："武汉是英雄的城市，武汉人民是英雄的人民。"世界卫生组织总干事谭德塞高度评价说，"武汉给世界带来了希望"。

2020年1月31日，施工中的雷神山医院工地

2020年9月1日，郭茨口小学门口，家长目送学生入校

3. 武汉是中国共产党人精神血脉的重要赓续地

中国共产党成立百年来，不断发扬光大中华民族精神，创造了独特鲜明的中国共产党人精神谱系。武汉作为中国共产党的发祥地之一，具有光荣的革命传统。百年来，武汉这座英雄的城市和全体英雄人民，坚持不懈地赓续中国共产党人的精神血脉，前赴后继为中国革命、建设和改革作出了重大贡献。中国共产党人精神谱系中的红船精神、苏区精神、抗战精神、抗美援朝精神、雷锋精神、两弹一星精神、北斗精神、航天精神、深潜精神和脱贫攻坚精神等许多精神在武汉发展的各个历史时期、各个方面均有体现。特别是在1954年和1998年抗洪斗争中，武汉人民充分发扬临危不惧、勇于牺牲、敢于拼搏、敢于胜利的革命英雄主义精神，发扬舍小家、顾大家的集体主义精神，使武汉成为"万众一心、众志成城、不怕困难、顽强拼搏、坚韧不拔、敢于胜利"的伟大抗洪精神主要形成地。在2020年抗击新冠肺炎疫情

的斗争中，英雄城市、英雄人民再次展示了识大体、顾大局、英勇顽强的精神特质，"封一座城、护一国人"，作为抗疫斗争主战场，为抗击疫情作出了重大贡献和牺牲，使武汉成为"生命至上，举国同心，舍生忘死，尊重科学，命运与共"的伟大抗疫精神主要形成地，以感天动地的壮举为赓续中国共产党精神血脉谱写了新篇章。

迈入全面建设社会主义现代化强国第二个百年奋斗目标新征程，武汉人民在党的领导下，坚持以习近平新时代中国特色社会主义思想为指导，准确把握新发展阶段，深入贯彻新发展理念，积极构建新发展格局，深入实施创新发展战略，发挥"一主引领"作用，勇担使命，奋发有为，全力打造"五个中心"、加快建设现代化大武汉，奋力打造新时代英雄城市，努力建设全国构建新发展格局先行区，为实现中华民族伟大复兴作出更大贡献。

（2022年7月7日）

英雄城市武汉的抗洪精神

　　王汗吾，武汉市国家历史文化名城保护委员会办公室业务顾问、武汉市地方志专家委员会委员、湖北大学历史文化学院硕士研究生导师。在城市史研究、新方志编纂、旧志整理方面颇有研究，参与了两轮《武汉市志》以及《汉口租界志》《武汉抗战图志》等著作的编写，出版了《武汉里巷故事》《汉口五国租界》《奔腾年代——武汉百年赛马史撷英》《汉口近代建筑图志》《老照片上的武汉》等书籍。

扫码观看视频

打造新时代英雄城市

武汉被称为英雄的城市,武汉人民是英雄的人民,在武汉作为英雄城市的精神谱系中有一抹耀眼的亮色,那就是抗洪精神。今天我主要从四个方面来讲讲武汉的抗洪精神。

一、汉口天生水凼子

关于汉口最早的照片出现于1858年,有外国人到汉口后拍摄下照片,这个时候距世界摄影术的发明仅仅过去几年,说明汉口与世界产生联系还是比较早的。1866年,有外国摄影师从龟山上面往下拍摄了这样一张照片:近处这一片水面是东月湖。东月湖在张之洞的洋务运动中被填平,用来建造汉阳铁厂和汉阳兵工厂。中间水域是汉水,再往后是汉口和后湖。那时后湖在中山大道以西的位置,从这张照片里,隐隐约约能够看到当时的中山大道还是一道城墙,城墙外面就是后湖。现在的后湖已经退到张公堤之外了。照片中最东边的水域就是长江。所以,汉口被称为江汉朝宗、江汉交汇之地。

清同治五年(1866年)外国人拍摄的江汉交汇的汉口与汉阳

为什么说汉口是一个天生的水凼子?清初刘献廷的《广阳杂记》里面记载:"汉口三元庵后有亭,曰快轩,轩后高柳数百株,平野空阔,渺然无际……江南风景秀丽,然输此平远矣。"说汉口"平野空阔,渺然无际",给人的感觉就是水天一色。那个时候所谓的"汉口"是指汉水入江口,并不特指汉口镇。明

末清初汉口镇似若孤岛，袁公堤以外四面巨浸，渺然无际。清朝乾隆年间，叶廷芳有首诗《大别山观汉口水涨》写道："一镇环临水，凭高望若浮。"形容汉口就像浮在水面上的一个小岛、一个荒洲。清叶调元在《汉口竹枝词》中也写道："五百年前一荒洲，五百年后楼外楼"。清乾隆《汉阳府志》里面记载："袁公堤，即后湖堤，在汉口镇北。明崇祯八年，通判袁焻创筑。自后居民渐集，今名后湖堤。镇为水陆要冲，汉水径其南，大江横其东，湖水绕其西北。夏季水涨，四面皆成巨浸，惟赖此堤为数百万家保障。里人岁加修筑，终未完固，水势若虐，即虑泛溢。"就是说汉口的地势非常低，一到长江、汉江涨水，有时甚至是两个洪水高峰叠加，就特别危险。所以汉口的水患灾害频繁。

（一）汉水改道

关于汉水改道，近代常见的说法是：汉口、汉阳本为一体，汉水原从龟山南麓入江，汉水改道后变成从龟山北麓入江，汉口因此独立出来。我认为这一说法不太准确。《明史·地理志》曾记载："汉水，自汉川县流入，旧径山南襄河口入江。成化初，于县西郭师口之上，决而东，从山北注于大江，即今之汉口也。"但是这一记载与明代成化初年相距将近200年，我对其准确性存疑。最原始的记载参见明嘉靖二十五年（1546年）的《汉阳府志·方域志》："襄河，在汉口北岸十里许，即古汉水正道，汉水从黄金口入排沙口，东北转折，环抱牯牛洲，至鹅公口；又西南转北，至郭师口，对岸曰襄河口，约长四十里，然后下汉口。成化初，忽于排沙口下、郭师口上直通一道，约长十里，汉水径从此下，而古道遂淤。今鱼利略存，舟楫已不达矣。"由此可见，汉水改道实际上是将大约十里的河道裁弯取直。明万历《湖广总志·水利》中也是这样记载的。我认为这些原始的文献记载更准确一点。

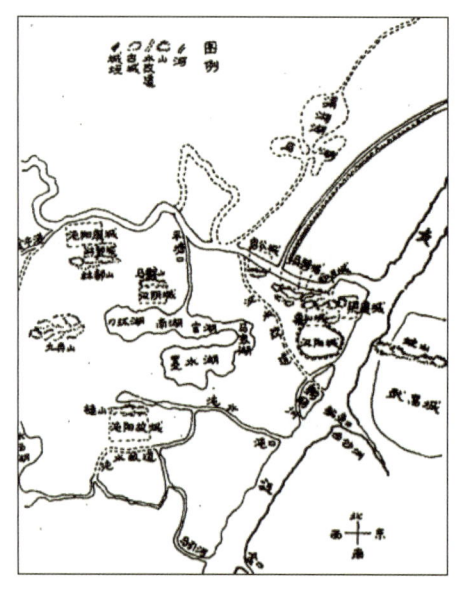

1993年8月版《武汉风景名胜集》中的汉阳古城与水系示意图

在成化改道之前，汉江入江口的堤防很少，汉江以三角洲多口入江的形式，呈自然漫流的状态。根据现在的一些勘察结果和各地地方志记载，关于汉江入口的说法主要有六七种。有说从武汉上游（西面）沌口入江的，这是一种比较靠谱的说法。有说从武汉下游（东面）沙口（今黄陂武湖）入江的。还有说从汉阳龟山入口的，最主要的证据是汉江的主泓近两千年始终在龟山北面。龟山北面有个地方叫石穴，战争时期可以利用这个石穴拉起绳索阻断主航道上面的战船，因此魏晋南北朝时期的多次战役都发生在龟山北面。《中国财政经济史论稿》中有一篇研究文章里的示意图显示，汉江原来是在牯牛洲方向转了一圈，然后才入江。所谓成化改道，只不过是十里（5千米）左右一段河段直通。黄金口到南岸嘴的距离大约是14千米，是局部的改变。因为汉水改道位于汉口镇的西北方向，所以形成了后湖。

汉水改道示意图（研究者徐望生作图）

汉水改道的一个重要原因，就是最近几百年间，汉水、长江的泥沙堆积，使得古云梦泽的巨大水体逐渐消失，汉水多水系逐渐汇集，河道更加集中。另外，由于明代实行"招民垦荒"，江汉平原的人口不断增加，垦荒、盖房、筑堤，汉水河道的横切面变小，流量加大，流速加快，所以河道多处发生裁弯取直。汉水改道带来的影响就是直通之后的河道加深、河面扩宽，有利于更多的船只在汉口附近停泊，更易形成商业繁荣的局面。

如果近2000年以来汉水多口入江，主泓一直在龟山北，那么盘龙城为什么被称为武汉城市之根？所以我反推认为当年汉水入江的主泓就在盘龙城附近,这是3500年以前盘龙城存在的唯一理由。盘龙城作为一个大城市为什么出现在府河边?当然,府河是明朝以后出现的称呼,盘龙城也是后来起的名字,在3500年前可能被称作汉口城。我的说法与中国地质大学教授李长安的看法一致,他认为:明代中前期,汉江多口入江的三角洲的顶点在汉川的刘家隔。根据地质的勘探,府河就是较大甚至最大的支流,因此才有盘龙城,才可成为三国魏、吴江夏郡的分界等。以府河分界,是因为它的航运作用一直非常重要,青壮年时期的府河是早期武汉地区至其西北部重要的航运通道。虽在成化之变后(可能在此之前)汉水主泓已南移,但至晚清时依然承担着漕运功能。中华人民共和国成立后还在通航,直至20世纪80年代由于上游水库修建才正式"退休"。

1913年的地图上的襄河故道和牯牛洲

现在武汉博物馆旁边的后襄河公园里有一个湖泊,就是原来的后湖水面,或者说是故道。水面的消失,很重要的一个原因是清光绪三十一年（1905年）张公堤建成后，汉口很多地方不再常年发洪水而逐渐干涸。

(二) 明末与清代早中期的汉口

除了受地理位置影响外，汉口因为早有人居住，所以经常需要防洪。明代初叶汉口沙洲或被称为汉口基地。明朝时，汉口镇的最北边就是长堤街入江的地方（今民权路附近）。据清乾隆《汉阳府志·地舆》里《汉口北课旧碑记》记载，明朝天顺年间（1457—1464年）就有人在此居住。嘉靖四年（1525年）又重新测量，上岸和下岸共有居民1395户，房子有2495间。嘉靖《汉阳府志》里记载，汉口有"五坊"，包括居仁坊、由义坊、循礼坊、大智坊、崇信坊。由于汉口发展迅速，还设立了汉口镇巡检司。明代后期把汉口巡检司分成两个巡检司。清乾隆《汉阳府志·食货》记载，汉口当时已将近十万人，实际人口远不止记载的数量。范锴的《汉口丛谈》记载，汉口镇在城北三里，有居仁、由义、循礼、大智四坊。民国时期汉口最繁华的花楼街，实际上在清代已发展起来。

明代后期汉口镇的两个巡检司及其下辖四坊

在明代后期汉口镇的示意图中,中间绿色的是长堤街,明代的时候大概只有5平方千米。1864年,汉口堡延伸到现在的一元路,长堤街面积扩大很多。京汉铁路和张公堤修建之后,长堤街面积达到了几十平方千米。现在说到大智坊,大家就以为是大智路,这是不对的,清代的大智坊范围到江汉路附近,江汉路以北是租界地区。

形容当年汉口的城市地位,经常使用的称号之一是"九省通衢"。当时清朝划分十八个省,汉口能够通达九省,占到全中国的一半。需要特别强调的是,武汉虽受江河的灾害比较多,但也得益于水运便利,尤其是汉江。过去我们认为长江非常重要,其实汉江在早期比长江更重要,因为汉江是秦汉以来南方和北方最重要的通道。隋唐建大运河之后才多了一条南北的通道,在此之前的一千多年里只有汉江,最便利、最大量的运输主要依靠汉江。长江由于风浪太大,流速太大,反而有时候不是那么方便。

清代早中期,汉口还被称为"天下四聚"之一,"北则京师,南则佛山,东则苏州,西则汉口"。"四聚"的意思就是商品的集散地。汉口就是中国中西部自然形成的商品聚集地。据清代资料记载,当时汉口镇有20多万人口,有的说"盐、当、米、木、花布、药材六行最大",有的说银钱、典当、铜铅、油烛、绸缎布匹、杂货、药材、纸张八大行,其中金融类排在最前面。在近代工业发展之前,手工业很重要,除了汉口,还有佛山的陶瓷、冶铁,景德镇的陶瓷,苏州、松江等地的手工业也很发达。松江就是上海,当时上海号称"小苏州",其繁华程度比不上苏州,上海还不属于"四聚"。上海开埠之后飞速发展,二三十年间就发展成亚洲最大的城市。实际上汉口也是在 1861 年开埠之后,成为仅次于上海的一个近代化国际城市。

所以,外国人为什么一定要汉口开埠?因为他们知道汉口拥有中国内地最大的经济腹地。除了沿海,如果要进入中国的内河,那一定要瞄准汉口。

汉口开埠之后,1899 年,湖广总督张之洞以汉阳府官员往来汉阳和汉口办理五国租界涉外事务极为不便为由,奏请清廷,将汉阳县北乡和汉口镇析出,用古名"夏口"命之。又从简化机构和设置官员的角度考虑,设为夏口厅(地位同县)。当时从汉阳府经汉水到江汉关需要一两个小时,官员住在汉口才能就近及时跟外国人打交道。因此,1900 年在汉口设立了夏口厅,清朝灭亡之后改成夏口县,地域范围横约一百二十里,纵三四十里,相当于现在江岸区、江汉区、硚口区加上东西湖区(东西湖区当时称为汉阳北乡,下辖凤栖乡和丰乐乡)的总面积,约 500 平方千米。

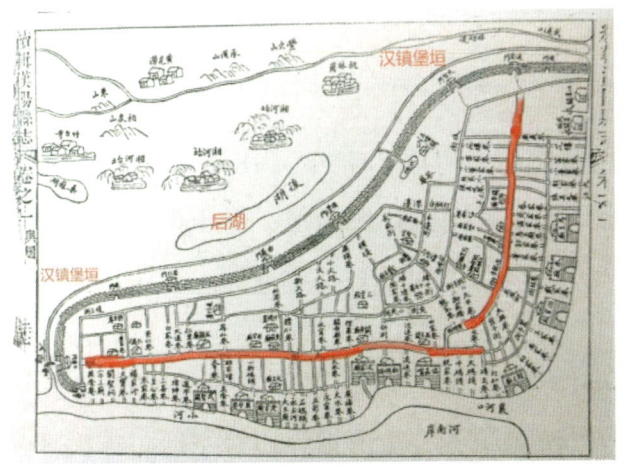

清同治七年(1868 年)《续辑汉阳县志》汉口镇地图

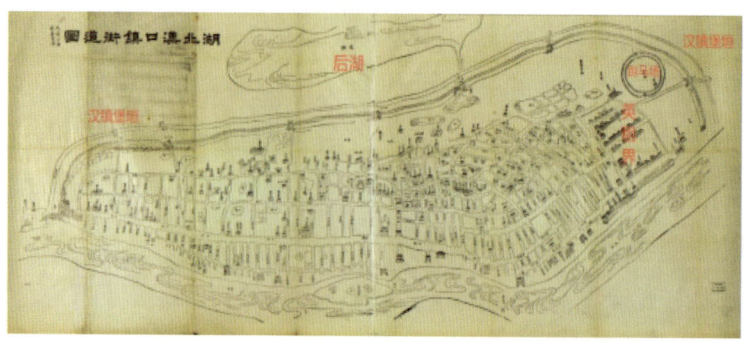

清光绪三年（1877年）《湖北汉口镇街道图》

1918年《汉口街市全图》记载的汉口城区内华界（左半部）与五国租界（外有西商跑马场）

汉口开埠之初，清同治七年（1868年）《续辑汉阳县志》中的汉口镇地图上有两条主要街道：汉正街和黄陂街。为什么叫黄陂街？明万历《汉阳府志》上有记载："汉口黄陂街，大率黄孝人也。"因为这里住的大部分都是黄陂人、孝感人。清光绪三年（1877年）《湖北汉口镇街道图》中主要有汉正街、黄陂街和刚刚开辟的英国租界，法国租界还是空地。再后来又出现了多国租界，1918年《汉口街市全图》记载整个汉口城区左半部为华界，右半部为英、俄、法、德、日租界，外有西商跑马场。

这一部分介绍了武汉的地理环境和城市成长发展过程。

二、三镇陆沉万事休

历史上武汉的洪涝灾害很多。1931年大水是武汉近代最大的洪水之一。当年自5月起，接连3个月，武汉都处在连绵的降雨中，累计降水量为879.7毫米，达到了武汉地区年降雨量的三分之二。汉口高程最低21米，最高27米，平均24米。7月23日晚，又是一场大雨，江汉关、上海路等沿江一带江水外侵内溃，江水平岸。由龙王庙至江汉关的驳岸，是当时汉口沿江最高的堤岸，建于1929年前后，高程27.3米。其最矮处则是下游的分金炉（今天中山大道与黄浦路交界附近）至丹水池段，这里以铁路路基为堤坝，高度仅在26—26.5米之间。

当时有人认为是因为拆了龙王庙，龙王显灵要淹汉口。武汉警备司令夏斗寅在龙王庙江边摆设香案，对着江心，三跪九叩，祈求龙王爷饶恕，保佑平安。主政官湖北省主席何成濬在回应政府救灾不力的质疑时称：采办的材料有麻袋5000条，筲箕1000对，芦席1000条，芦柴2000个。这个数字与我后面要讲的1954年的物料准备和投入可以进行对比，两者相差巨大。7月29日，汉口丹水池的铁路路基连破两处，出现了险情，洪水直冲后湖。此时，从刘家庙、循礼门、中山公园直至硚口，沿线铁路以北约30里的市区，尽成一片泽国。

到8月16日，汉口市区由外至内，数道大堤全部发生溃堤或漫堤。大水淹没"整个汉口，半个武昌，部分汉阳"，三镇水淹时间在42天至100天。沿江大道、花旗银行、江汉关、江汉路、古德寺、六渡桥等都淹没在洪水之中,汉口市政府(位于今民主街)、一元路附近的德租界巡捕房(今为武汉警察博物馆)、中山大道、车站路、后湖、西商跑马场(今解放公园)等地方都被淹。街道上,人们主要靠船和搭栈桥出行。据当时的文章记载:"市镇精华,摧毁殆尽,浮尸漂流,疫病流行,米珠薪桂,无食者23万余人。"武汉警备司令部8月30日公布数据称约有1.3万人死亡,而慈善会公布共埋葬的尸体数则超过3万具。

1931年,平汉铁路丹水池段溃口处

1931年第32期《国闻周刊》的文章《军队与救灾》中写道:"汉口之大洪水,尤为空前未闻之浩劫。"1931年第32号《银行周报》的《水灾后之危机》中指出"武汉全镇,竟至覆灭"。《水灾严重中之救济情形》又言"鄂渚之三镇,昔日繁华,顿成泽国"。

1931年汉口租界（今沿江大道区域）淹水情况

1931年花旗银行（位于今青岛路口）门口淹水情况

1931年江汉关前淹水情况

1931 年洪水中的古德寺

1931 年江汉路新市场门前的洪水

1931 年洪水中的江汉关和附近道路

1931年，洪水中的汇丰银行

1931年，江汉路上堆起沙袋防洪

1931年，洪水中的江汉路

1931年，交通路江汉印书馆门前人们坐船出行

1931年，中山路水塔前街道上的积水

1931年，中山路歆生路口（中国银行附近）

1931年，洪水中的汉口市政府（位于今民主街）

1931年，位于民生路路口的国营招商局汉口分局门前水况

1931年，一元路附近（今武汉警察博物馆）门口水况

1931年江水浸入市街后，各商行在门前筑堤并依靠人工将屋内的水排出

1931年，英商和利汽水厂工人在门口排水

1931年，车站路浸水初期

1931年，车站路被洪水淹没后

1931年洪水时，市民在市区主要街道上划船或搭跳板（或称栈桥）出行

1931年，湖北水灾急赈会大门前（湖北水灾急赈会设于汉口总商会内）

1931年，江汉路上海银行门前临时搭起的跳板（栈桥）

1931年洪水时，投入救灾的不仅有汉口赈灾委员会，还有全省总商会。当年政府的救济力量其实很弱，民间的救灾力量更为强大，商会出钱出力，分发馒头、草席等物资给灾民。警察在水中巡逻执勤，各个地方的保安会也发挥了作用。

武昌、汉阳也有不少的地方被淹。武昌的凤凰山、汉阳的龟山上面也挤满了难民。

1931年，大智路铁路外的怡和牛皮厂厂房收容了许多灾民

1931年，西商跑马场（今解放公园）的看台上挤满了难民

1931年，难民扎起简易竹筏暂时就在水上栖身

1931年，武昌筷子湖溃口

1931年，武昌凤凰山难民棚

1931年，汉口集家嘴难民棚与汉阳龟山下的难民棚隔汉江相对

1931年，武汉设立临时第二所收容难民

1931年的难民收容所

1931年,湖北清乡督办徐源泉、武汉警备司令夏斗寅坐船水上巡视

1931年,水灾急赈会在收容所向灾民发放草席

1931年，武汉商人募捐数千银圆，向明伦街受灾群众每户发放3元救济款

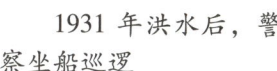

1931年，受灾难民吃饭

1931年洪水后，警察坐船巡逻

1931年，灾民领取救灾馒头

1931年，洪水中拉活的黄包车

1931年，市民在洪水中买菜

根据当时的文献记载，1931年的中国水灾，被认为是人类有记录以来破坏性最大、死亡人数最多的一次自然灾害，列为全世界十大自然灾害事件之首。整个长江流域的受灾省份多达23个（当时全国有27个省、5个院辖市、4个特别区），8000万人受灾。死亡人数估计有100万，死于洪灾引起的饥荒与疾病者达到370万，据国际联盟估算，死于次生灾害的人口甚至将近千万。

三、力挽狂澜保平安

中华人民共和国成立之后，武汉又经历了几次洪灾，其中比较大的一次就是1954年抗洪。1954年5月起，3个月累计降雨达1394.2毫米，远超1931年同期，这三个月的降雨量比武汉年降水多了100毫米。长江水位迅速增长，6月初超过历年同期最高纪录，6月25日突破警戒水位26.3米。

1954年的水位创造了武汉有水文记录以来的最高洪水位（以吴淞为零点）29.73米。武汉几十年来，平均年降雨量在1200毫米左右，1954年的这三个月就将往年一年的降雨量全部降下来了。当时中南地区的主要领导人邓子恢，中共武汉市委第一书记王任重都亲自指挥防汛。防汛大军在6月30日到9月13日间，成功实施了5期市区大堤加高加固工程。全市大堤由1949年5月武汉解放后，市人民政府加固以抵御1931年洪水为目标的最高29米、最低26.22米，逐渐统一加高至30.7米，因此成功抵挡了1954年8月18日出现的29.73米历史最高洪水位，并持续抵御住了水位高于28.8米（今汉口江滩亲水平台高度）长达39天的高水位浸泡。主要的九大险情位置是：汉口的额头湾、汉正街、江汉关、上海路、丹水池，汉阳的武胜路口，武昌的武庆堤、武泰闸、万年闸。

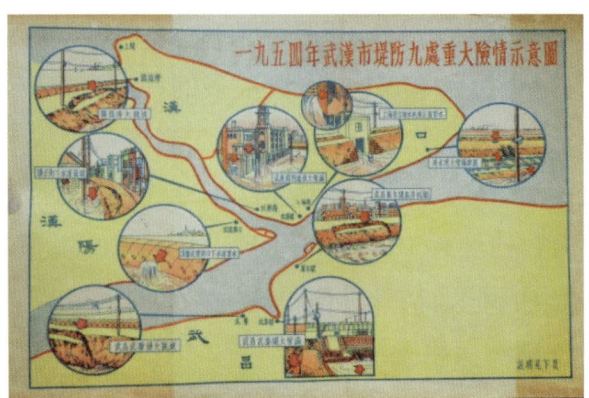

1954年武汉市堤防九处重大险情示意图

位于江汉关博物馆大楼外墙的"一九五四年八月十八日最高洪水位29.73米"铭牌

1954年,武汉人民在汉口关(今江汉关博物馆附近)码头抗洪

1954年，抗洪军民加宽皮子街堤防

1954年，抗洪军民在堤防上宣誓

　　武汉市组织将近30万人的防汛大军取土、打夯、运土，调集了很多的汽车、火车，甚至陆、海、空军都来加入抗洪。在党中央的领导下，全国各地都给予武汉支援。副市长宋侃夫说："我们向任何一个兄弟区域（包括东北、华北、华东、北京、天津、上海、广州、湖南、江西、河南各地及湖北省内的任何一个县）的党组织和政府，去一个电报或者电话请求援助，援助物资往往就加倍加快地送到。"据统计，当时共筹集了273部抽水机，542 万条麻袋，303 万个草袋，32.8 万对筢箕，80.7 万张芦席和 1 座列车发电站。这个物资和投入数量是相当大的。相比之下，1931 年的救援物资是何等匮乏。

1954 年，抗洪军民宣告战胜洪水的决心

1954 年，全国各地支援武汉防汛主要物资器材统计表

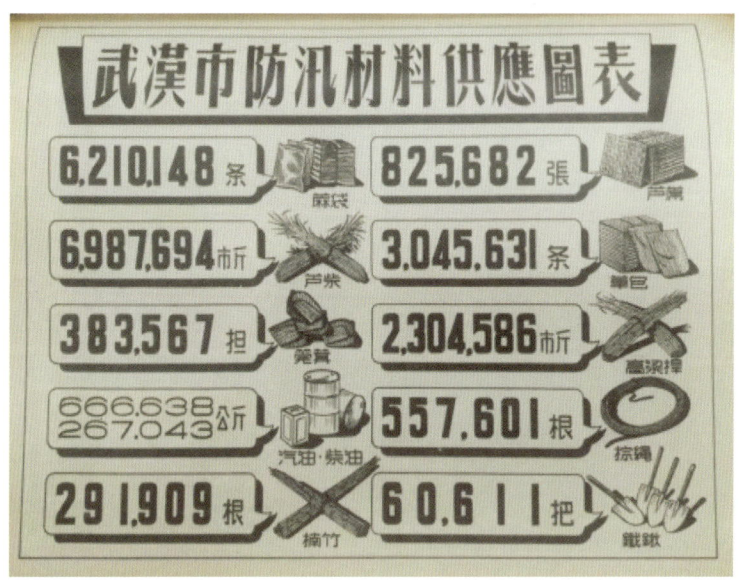

1954年，武汉市防汛材料供应图

全部投入抗洪的人员数量非常庞大。据统计，防汛人员中干部1.05万人，施工人员17.4万人，巡逻1.13万人，抢险人员6.41万人，医疗人员1300人，保障服务的有2.67万人，总计接近29万人。在防汛期间新入党的有7400人，新入团的有17000人，为抗洪成功提供了政治保障。

从全国调来的各种救灾物资也很多。据统计，有麻袋621万条，芦席82万张，芦材698万斤，草包304万条，筐箕38万担，高粱秆230万斤，汽、柴油93万斤，棕绳55万根，楠竹29万根，铁锹6.06万把。生活物资也是以万计：肉类371万斤，食盐24万斤，面粉99万斤，大米1266万斤，食油27万斤，皮蛋麻饼863万个，汽水40万瓶，毛巾50万条，鞋类106万双，草帽1.77万顶，衬衫背心8.02万件，肥皂21万块，牙膏9.98万支。

1954年8月25日,武汉各界追悼防汛救灾死难烈士大会在中南剧场召开

武汉防汛纪念碑

在防汛抢险救灾的过程中，牺牲了111人。烈士的名单里面，包括抢堵漏洞牺牲的贾明武，为抢救战友而牺牲的严忠良等。在抗洪斗争中，还涌现出大批先进单位和英雄人物，1487个单位获得红旗奖励，15085人分别获得特等功和一等功、二等功、三等功。特等功臣有在麻阳街（今武汉天地附近江边）江中抢险的王万昌、防汛中入党的罗光田、不分昼夜坚守四官殿的王茂山、坚守汉正街大堤的杨明聪、带病坚持在张公堤上抢险的乐金元、带领妇女班在小张公堤上抢险的卢幼芝等。毛泽东主席给武汉专门题词："庆贺武汉人民战胜了一九五四年的洪水，还要准备战胜今后可能发生的同样严重的洪水。"为纪念这一年防汛的胜利，武汉建造了一座防汛纪念碑，就在今天汉口江滩内。

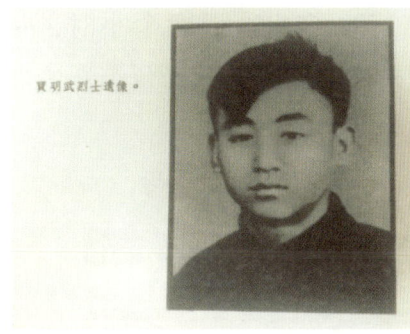
贾明武烈士遗像

严忠良烈士遗像

四、抗洪精神代代传

1998年夏，长江中上游连降暴雨，形成8次大洪峰，武汉关水位连续上涨，至8月19日，武汉关水位达29.43米，离1954年历史最高水位29.73米只差30厘米，达到历史第二高水位。汉口站最大洪峰流量72300立方米/秒。平时大概每秒只有两三万立方米，汛期的时候能够达到五六万立方米。这一次，武

汉 37 万军民奋战在抗洪第一线，共计用了土石方 235 万立方米，编织袋、麻袋、草袋 1584 万条，发现并排除险情 2192 处。人民解放军、武警部队出动 9.5 万人支援湖北，支援武汉，号称 10 万大军。长江水利委员会指出此次洪水："其汛期之早、洪水来势之猛、洪峰水位之高、防洪战线之长、高水位持续时间之久均为历史之最。"

抗洪过程中也涌现出很多感人的事迹。7 月 29 日下午五点多，曾经参加过 1954 年抗洪的 68 岁老人王占成，沿长江大堤巡查，发现一处口杯大小的管涌口，喷出的水柱有一米多。他操起一根两米多长的竹竿，跳入水中摸索，发现管涌口正在迅速扩大，已经形成了一个近一米的漏洞。幸亏及时找到漏洞，否则这一次丹水池段又可能破堤。最后，1700 多人，近两个小时，44 床棉被包着土袋堵住了洞口。还有 8 月 1 日，湖北嘉鱼簰洲湾溃堤，高炮部队高建成等 19 人因救灾而牺牲。

1998 年 8 月 7 日，龙王庙险段 16 名驻守党员立下"生死牌"（"生死牌"原件现藏于中国国家博物馆）

为了根治长江水患，1952年党中央决策，在荆江南岸的公安县境，修建荆江分洪工程。军民30余万人日夜奋战，仅用75天便成功修建了中华人民共和国成立后第一个可蓄纳荆江过量洪水54亿立方米的大型水利设施——荆江分洪工程。该工程由荆江南岸公安县境的太平口54孔进洪闸、32孔黄山头节制闸、920平方千米分洪区围堤和荆江北岸大堤加固等工程组成，是当时最大的一个分洪区。到了1998年，分洪区900多平方千米内，有8镇2乡4个农林渔场，212个行政村，13万多户，近52万人（占公安县一半人口），是粮、棉、油主要产区和骨干工业基地，工农业年总产值达20多亿元。如果在这里分洪的话，直接经济损失将超过150亿元，但如果不分洪则会导致武汉被淹，后果不堪设想。国务院副总理温家宝临危受命，坐镇荆州指挥。8月16日21时30分，分洪时间表已经制定完成，解放军已经将炸药埋入北闸，随时准备起爆，分洪区进行了最后一次拉网式排查，确保没有人民群众滞留误入，分洪势在必行。陈雪英等专家根据数据分析，这次洪水来势凶猛，但缺乏后继流量，超过45米水位只会维持20小时左右。温家宝根据实际情况，询问有关水文部门、部队能不能守得住，得到他们肯定答复后，果断决定不分洪。8月17日，洪峰使荆州水位达到45.22米。几个小时后，大雨停了，水位开始缓慢下降到45.17米。8月19日，水位下降到44.67米。8月20日，北闸防淤堤里的炸药被拆除。1998年9月10日起，在长江抗洪一线奋斗了一个多月的解放军陆续撤离。首批撤离的解放军济南军区某坦克师的官兵为了不惊动群众，凌晨4时就开始集合，6时许从湖北省公安县出发。从

1998年,荆州市沙市区人民送别子弟兵

公安到沙市几十公里的路上仍有近20万名群众自发行动,早早地等待在路旁,欢送子弟兵。

由于淤积、围垦等原因,长江中下游的湖泊面积显著减少,湖泊蓄洪泄洪的能力降低;河道障碍严重,河道水面过窄,导致洪水出路变小,干流的防洪压力增加。历经了洪水灾害后,党和政府也吸取了经验教训。国务院适时提出"封山植树,退耕还林;平垸行洪,退田还湖;以工代赈,移民建镇;加固干堤,疏浚河湖"的灾后重建政策措施,及时做出兴修水利的重大决策,大规模加固整修大坝、实施三峡工程,加强了长江流域的防洪抗灾能力;加强生态环境建设,退耕还林、还湖,积极植树造林,减少水土流失,以减少洪涝灾害的威胁;大力发展科学技术,利用科学手段应对自然灾害。尤其是三峡工程建好之后,武汉的洪水威胁大大减小,基本上再也不需要动员全市的力量来进行防洪,防洪的形势有所缓解。1998年后,武汉的堤防建设按照武汉关水位 29.73 米加安全超高两米的标准进行，全市堤防全长 800 千米。

回过头来看，武汉是全国水域面积比例最高的城市。市区总面积 8569.15 平方千米，而江河湖泊水库等水域面积 2205.06 平方千米，超过总面积的四分之一。全市有 166 个湖泊，面积 867 平方千米，超过总面积的百分之十。政府通过划定水域"蓝线"，环湖绿化"绿线"，建筑控制"灰线"，对湖泊进行全方位保护。

回顾历史上武汉抗击特大洪水的经历，武汉人民与洪水抗争的决心、众志成城的精神已经融入武汉人的血脉之中。我们要更好地挖掘抗洪精神的内核并吸取力量，一要敬畏自然，顺势而为，二要与时俱进，科学地防洪。武汉 2020 年的降雨量也很大，6 月 8 日至 7 月 8 日整整一个月，累计总降雨量达 757.8 毫米，接近 1931 年大水降雨量。长江汉口站和汉江新沟站先后超过设防水位和警戒水位。截至 7 月 13 日 18 时，长江中下游洪水洪峰顺利通过汉口江段，洪峰水位 28.77 米。长江流域超过 30 座水库参与联合拦洪削峰错峰，同时在城陵矶、湖口河段进行排涝分洪，减轻了洪峰到来可能造成的影响。按照防汛部门的说法，仅动员了靠近堤防的部分社区和群众的力量，没有动员全社会，现在武汉的防洪形势要好得多。

最后，在同洪水的搏斗中，我们的民族和人民展现出了一种十分崇高的精神，这就是"万众一心、众志成城，不怕困难、顽强拼搏，坚韧不拔、敢于胜利"的伟大抗洪精神。抗洪精神是爱国主义、集体主义的大发扬，是社会主义精神文明的大发扬,是我们党和军队的光荣传统和优良作风的大发扬,是中华民族的民族精神在当代中国的集中体现和新的发展,也是我们武汉"英雄的城市""英雄的人民"的精神谱系当中一个重要的组成部分,值得我们保持和发展。

整治后的汉口龙王庙与汉阳南岸嘴

(2022年7月25日)

武汉：英雄城市的历史和开端

罗福惠，华中师范大学历史学教授，博士生导师，湖北省炎黄文化研究会副会长。主要研究方向为辛亥革命史、中国近现代思想文化史、湖北地域史、中外文化交流史等。从事思想文化史研究四十年，著述有《湖北近三百年学术文化》《辛亥革命时期的精英文化研究》《长江流域的近代社会思潮》等二十余种，在国内外报刊发表文章两百余篇。

扫码观看视频

改革开放以来,城市史研究崛起,为数众多的武汉本地研究者已经就 19 世纪 60 年代汉口开埠以来直到现在这 160 多年的武汉历史,做出了很多很好的研究。这次让我来讲"英雄城市"这个主题,对我来说是一次很好的学习机会。

一

研究城市的历史和未来发展,可以有多种视角和入手方法,比如从地理位置、自然条件、商贸流通、产业制造、人口和阶级构成等方面,还有军事、政治等诸多因素。宣传我们的城市,应该从城市的实际出发,重视史实史料,抓住重点,突出特点,采取科学的实事求是的方法。面对不同的受众,宣传的目的也不同,但不论是为了招商引资,为了吸引高层次人才,还是为了吸引游客,或是为了吸引青年求学就业,以及为了招徕老人来安居养老等,都要发掘利用城市的各种先天禀赋,充分营造和利用好各种硬件、软件构成的环境。说到这次以"英雄城市"为主题的研究和宣传,则是突出政治性,也带有综合、宏观的要求:如何赋予城市人格化,从而塑造城市形象。

武汉从什么时候开始可以算作"英雄城市"呢?我个人认为,应该从中国共产党领导革命时期的各种斗争开始算起,或者上溯到孙中山领导的民主革命时期,这样比较妥当。但在这之前,首先要研究武汉是怎样成为一个城市、怎样成为一个大且重要的城市的,然后再上升到英雄城市的层次。研究英雄城市武汉的发展史,我认为要把视角放得更宽,作为一个省会城市,至少

应当把它放在湖北省内与其他城市作比较，哪个城市先出现，哪个城市后出现，武汉又是怎样后来居上的？张之洞督鄂后产生的溢出效应不仅限于湖北，还影响到西南的云南、贵州，这才是重大城市应该有的功能，它有巨大的吸纳力和辐射力，这样才会产生今天所谓的"中心城市"。之前国内也有一些城市被称为"英雄城市"，比如南昌作为八一起义的爆发地就获得过"英雄城市"的殊荣，南昌是怎样做的，值得武汉学习和研究。

我个人的治学经历是先研究辛亥革命，后来扩大范围研究明清以来的湖北文化，再后来参加编写《湖北通史》，渐渐对从先秦时期的楚国直到20世纪湖北的历史全貌有所了解认识。以我的知识结构来看，已有的辛亥革命研究和武汉城市史研究都还有进一步深入和提高的空间。现在对武汉城市史的研究和书写，比较详细和深入的是从汉口开埠谈起，写汉口详于武昌。从更长远的历史时段来看，汉口作为一方土地出现是明朝成化年间的事，成为工商业城市而兴起则更晚，武昌的历史要悠久得多。从政治意义来看，武汉的地位上升在更大程度上取决于武昌。所以研究武汉城市史还应加强对武昌的研究。而三十年前对我产生启示的，是清初学者顾祖禹在《读史方舆纪要》中的这几句话："湖广之形胜，在武昌乎？在襄阳乎？抑在荆州乎？曰：以天下言之，则重在襄阳；以东南言之，则重在武昌；以湖广言之，则重在荆州。"他还说，"三郡之于楚，如鼎足然"。这段话对于研究湖北城市史有很多启发。

清代手抄本《读史方舆纪要》节选（藏本源自中国国家图书馆国家古籍保护中心）

当然，这里的"形胜"二字，主要不是指形势险要。古代关中和四川被称为"四塞之地"，是指该地易守难攻。与其相反，荆州、襄阳、武昌从军事上看恰恰是"四战之地"，东南西北四面都容易遭到进攻。所以这里的"形胜"是江山开阔，气象雄壮，扼处冲要的意思。古称襄阳是南船北马交会之所，武汉早有"九省通衢"之称。所以，我以为这里的"形胜"之地还是财货汇聚、人才集中的意思，也就是指不同历史时期不同范围的文化和政治中心。

湖北的三足鼎立格局并非一开始就形成的，最初只有荆州，然后出现襄阳和荆州并列，再然后才出现武昌，不仅是三足鼎立，而且是后来居上。我今天就从城市形成史、发展史方面，介绍一下武汉是如何从农业社会的军事城堡，扩展成为商业城市，再到近代工业社会的工业城市,以及如今的科教城市;政治上是如何从一个县城,提升为郡、州的衙署所在地,再成为一个大省的省会乃至华中地区的中心城市,最后当之无愧为"英雄城市"的。

顾祖禹的话,从时间上看是一种逆向追溯,由近及远,先武昌,再襄阳,再荆州。如果从这三个城市的形成时间来看,应该倒过来谈,这样更便于分析时代环境与城市及其特质形成的对应关系。我这里主要从政治格局方面分析这三个城市的形成和地位。分析行政区划的变化是地方史志研究的基础,有了这个基础才便于对生产力、生产关系、商贸制造、文化教育、人口职业等分门别类进行深入研究。根据政治格局和行政区划这条线索,我尝试把晚清之前的历史分为方国时代、郡州(州郡)时代、行省时代三个时期。

二

方国时代,具体地来说就是春秋战国时代。方国,是地方上的诸侯割据国家。方国常常与封国并用,但是只有得到周天子册封的才能叫封国,当时还存在一些由原始部落形成的小国,所以叫方国更合适。楚国最早就是一个方国,后来才成为封国。《史记·楚世家》说:"熊绎当周成王之时,举文、武勤劳之后嗣,而封熊绎于楚蛮,封以子男之田,姓芈氏,居丹阳。"这个方圆五十里的末等小国,最初的都城在丹阳,后人不能确定到底是哪里,只能模糊地称为丹淅之地。随着楚人不断开拓疆土,扩大版图,都城不断迁徙,他们来到江汉平原,最后定都在江陵的纪南城,称郢都,经营400多年。整个楚国有800多年历史。

方国时代，楚国在南方是首屈一指的大国。春秋时期，仅汉水以东就有数十个小国，整个中原所谓的"国"几乎成百上千个。到战国初期，还有二十几个诸侯国。后来慢慢经过吞并、演变，到了战国后期，疆域最大最强盛的几个诸侯国是楚国、秦国、齐国。楚国对中华民族的最大功绩在于其基本统一了中国南方，以湖南、湖北为中心，势力达到云南、贵州，往东到山东半岛，灭了吴国、越国以后，江西、江苏甚至浙江的一部分都在楚国的版图里。楚国公子春申君，他的封地达到黄浦江流域，已经靠近上海了。

楚国如此强大，它的都城纪南城经过400年的经营也非常雄伟宏大。在距纪南城50千米外修建了章华台，在楚国各地都建有行宫。所以在楚王想要攻打宋国的时候，墨子就劝谏楚王："荆有云梦，犀兕麋鹿满之，江汉之鱼鳖鼋鼍为天下富，宋所为无雉兔鲋鱼者也，此犹粱肉之与糠糟也。"长江以北叫"云"，长江以南叫"梦"，所以叫"云梦泽"，洞庭湖是它的主要遗迹，当时都属于楚国地界，有丰富的水产，而宋国连野鸡、兔子、狐狸都没有。意思是楚国疆域广阔，物产丰饶，为什么要去打宋国那样弱小贫瘠的国家呢？楚国攻打宋国，就像是衣着华丽的富人去偷穷人的破衣裳一样。这个故事可以看出楚国的强盛。据东汉桓谭的《新论》记载："楚之郢都，车毂击，民肩摩，市路相排突，号为朝衣鲜而暮衣敝。"当时在郢都，车挨车，人挤人，早上穿新衣服出去，黄昏时新衣就被挤坏变成了破衣。可见当时郢都之繁华。这就是顾祖禹说的"以湖广言之，则重在荆州"。

位于湖北省荆州市纪山南部的楚纪南故城

州郡时代按历时顺序应该叫郡州时代。这个时代包括从秦汉到南宋,除了魏晋南北朝这一段分裂时期外,中国的经济文化重心还是在北方的黄河流域。汉代都城在长安,但是黄河日益堵塞,不利于交通和农业耕作,越来越无法满足都城的需要。从秦汉到唐朝以前,虽然关中是八百里平川,但其所产的粮食并不够关中军民开销,一直都是通过渭河往上游运粮食,所以南北朝时,北朝各国都城建在了洛阳。到了北宋,通过水路运输粮食到洛阳都有问题,只能运到离运河更近的开封。黄河成了一个地上悬河,淤积得越来越高。而这时首都的吸附能力越来越强,三年一次的科考考生要上京,农民服徭役建宫殿要上京,人越来越多,东南地区的粮食产量提高了也要运过去。于是襄阳应运而生。有人说襄阳是因为出了一个东汉光武帝刘秀,使其政治地位提高,但更重要的还是因为,襄阳是整个中南甚至西南地区北上黄河流域,去往西安、洛阳或开封的一个孔道,人流、货流都要经过那里。襄阳抓住机遇,应势崛起,成为湖北的第二个大城市。正如顾祖禹所言:"以天下言之,则重在襄阳。"

秦始皇统一中国之后,废除分封制,实行郡县制,地方上设郡,郡下面设县,王国维考证当时全国有48个郡,谭其骧考证为46个。"县"这个行政建置在中国有2000多年历史,战国时候的楚国、秦国就开始用了。"县"与"悬"是古今字,古代没有"悬"字。《释名》中说:"县者悬也,悬系于郡也"。意思是边远之地,国都附近的富庶之地是不会划为县的,远离中心的地区才成为县。

西汉实行郡国制,是因为平民出身的皇帝刘邦错误地认为秦王朝二世灭亡的原因之一是没有分封诸侯,使朝廷孤立无援,于是大封诸侯国。刘邦先封了一些异姓王,如韩信、英布等人,结果异姓王很快谋反了。于是,刘邦觉得还是自己的兄弟子侄可靠,又封了很多同姓王代替异姓王。当时朝廷直接管辖的地方设郡,诸侯王的领地叫国,所以称为郡国制。诸侯分两等,大的叫王国,与郡平级;小的叫侯国,与县平级。荆州一带被项羽封为临江国,先被共敖、共尉父子两代统治,后被同姓王汉景帝的儿子刘阏、刘荣统治。东部黄冈一带封给淮南国(国王是刘邦的儿子刘长),汉文帝时封给庐江国;大别山有衡山国。庐江国、衡山国后来废国改郡。今天鄂东这一带属于当时淮南国的范围。我有一次去阳逻考察,发现江边的石壁上有"淮甸上游"四个字。阳逻以东以前都属于黄州县,蕲、黄二州以前都属于淮南国,宋代后又属淮南西道,所以这里会被称为"淮甸上游"。武汉是两种官话的交汇处,汉水以西属于北方方言区的西南官话,它和往西的沙市、宜昌,湖南西部,川云贵三省,直到广西北部的桂林都属于西南官话。但是黄陂、孝感、黄冈这边属于江淮官话区域,所以和"淮"有关系。

西汉诸侯国存在了几十年，刘邦的本意基本落空，尽管朝廷给一些大的诸侯国派去了负责指导和监督的官员——相（如贾谊担任长沙国相），相的权力很大，但仍控制不住诸侯们的野心。汉景帝时（前154年）发生吴楚七国之乱，汉武帝即位不久有淮南王刘安、衡山王刘赐谋反。之后，汉武帝加强中央集权，诸侯国基本被取消，改为郡县，郡县上面设州进行监察。《尚书·禹贡》中说大禹划天下为九州，汉武帝将全国划分为13个州，州的长官叫刺史，其职责主要是监督地方的豪强大族和郡县官员。刺史的秩位是六百石，郡守的秩位是二千石，可见其地位低于郡守，而且刺史没有固定的治所，需要巡察州内各处。13个州中9个都在北部，只有4个在南部，其中有个州叫交趾州，监管的是珠江流域和越南北部。整个长江流域偌大的面积只划分为3个州，上游四川叫益州，长江中游叫荆州，长江下游叫扬州。

到了西汉末年，"州"慢慢从一个巡视督查的概念，变成郡县以上的行政管理机构。刺史被称为"州牧"，官秩也升为二千石。到了东汉，刺史、州牧的名称换来换去，但最终州由监察区变成高于郡的地方一级行政机构，治所也固定了下来。地方上形成州管郡、郡管县的三级体制。

前面说到，长江中游被划定为荆州。荆州刺史或荆州牧一度驻湖南汉寿，后驻襄阳。荆州管理7个郡，有4个郡在湖南，还有3个郡：南阳郡、南郡、江夏郡。南阳郡下辖37个县，大部分在今河南，还包括鄂北一部分。南郡（江陵）下辖17个县。江夏郡是汉高祖刘邦时建立的，但是这时候的江夏并不是指武昌，而是指湖北的中部和北部，治所先在安陆，东汉时迁到西陵

（位于今武汉市新洲区）。荆州管辖的江夏郡，下设14个县。

三国时期荆州（魏）地图

三国时期荆州（吴）地图

东汉末年出现分裂之势。赤壁之战以前，刘表是荆州牧，驻襄阳。黄祖是江夏郡太守，守夏口，在鹦鹉洲杀祢衡的故事就发生在这里。赤壁之战以后，曹操的势力限于鄂北，他把南郡、南阳郡部分划出来，新立襄阳郡。东吴占据了从江陵到九江的长江沿岸，周瑜任南郡太守，治所在江陵。程普为江夏郡太守，治沙羡。沙羡就是今武汉金口。前面说过，刘邦建立江夏郡，沙羡是江夏郡下属的县，江夏郡的属县大部分在长江以北，所以郡城在安陆和西陵。这时曹魏和东吴各自都有一个江夏郡，一在江北，一在江南。

为了军事斗争的需要，孙权一度把公安和鄂城（取名武昌）作为临时都城，在今武昌区的黄鹄矶上筑军事城堡，因为它正对着汉水出口，所以叫夏口城。这是今武昌的筑城之始，但只是一个军事城堡，不是行政意义的郡城（郡城在金口），也不是县城。直到晋武帝时，江夏郡治回到今新洲，沙羡县治移到夏口城，这才是今武昌作为县治所在地的开端。

魏晋南北朝时期，州郡大量增加。原因之一是割据势力把州郡一分为二、一分为三之后，仍然沿用州郡旧名，加上南北二字，如赤壁之战后江南、江北存在两个江夏郡。后来曹操的势力占据了襄阳的北部和中部。刘备失守荆州以后退到四川，湖北由三家争霸变成曹魏和孙吴的斗争，安陆郡一分为二，两边各有一个安陆郡。原因之二是东晋以后，北方少数民族不断混战，所谓"衣冠南渡"，北方豪门大族、流民、士卒大批南下，江浙最多，湖北次之，境内的襄阳、江陵、江夏都有，于是为安置这些人而出现"侨置州郡"，湖北境内出现了司州、雍州、蓝田等地名。

例如，河南驻马店所属有汝南县，在金口又有一个汝南县。华山、蓝田都是陕西郡县名，这时称为雍州（今宜城市）境内也有华山郡和蓝田县。这些侨置郡县都是豪门大族统帅之下的流民集团。原因之三是割据政权为加强统治，为了安置亲贵，平衡派系，把州郡划分得很小，形成麻雀虽小，五脏俱全的体制。

隋朝时，鉴于全国州郡太多，兵部尚书杨尚希上书言："千口之家，两郡并立""一县之内，人不数万""自秦并天下，罢侯置守。汉、魏及晋，邦邑屡改。窃见当今郡县，倍多于古，或地无百里，数县并置；或户不满千，二郡分领""民少官多，十羊九牧。"隋文帝采纳杨尚希"存要去闲，并小为大"的建议，重新划分州郡，减少数量，把州府和军府合一（类似后来的地方军区），在民政管理上把州郡县三级改为州县二级，后来又改为郡县二级。今湖北境内分为15个郡、85个县，其中，襄阳郡下辖11个县，南郡下辖10个县，汉东、竟陵、安陆3个郡都是下辖8个县，江夏郡只下辖4个县（江夏、武昌、永兴、蒲圻）。今汉阳区、蔡甸区、汉南区等属于沔阳郡，今黄陂区、新洲区等属永安郡（黄冈）。

唐初，唐高祖李渊为了安置皇亲国戚和有功将领，又重新划分了很多州。这时，"郡"和"州"两个概念就开始并用了。有时用郡，有时称州，下面管县。汉朝设13个监察区，称为州，后来成为一级行政机构，与郡的地位此消彼长，到唐代二者等同后，唐朝又把全国分为15个"道"。边疆的道主要是军事作用，内地的道主要起监察作用。军事功能的道，其长官称节度使；监察功能的道，其长官称观察使。湖北有9个州（郡）35个县属山南东道，4个州（郡）15个县属淮南道，鄂州江夏郡及下属5个县属江南西道，还有湖北西南边地的施州清江郡属黔中道。由于道的出现，州郡之上又形成藩镇。湖北境内3个藩镇，就是山南东道节度使所在的襄阳，荆南节度使所在的江陵，还有今湖北东南部的鄂岳观察使所在的武昌。唐敬宗时，"牛李党争"中的牛僧孺任武昌军节度使、鄂岳蕲黄四州节度使（即鄂州、岳阳、蕲州、黄州）。他还上书朝廷，把武昌对岸属于沔州的汉阳、汉川两县划到鄂州。到这时，湖北境内荆州、襄阳、鄂州（武昌）三大城镇基本定型。

唐朝淮南道地图全图。唐贞观元年（627年）初置。领扬、楚、滁、和、庐、濠、寿、光、蕲、申、黄、安、舒、沔，共计14个州、57个县。相当于江苏省中部、安徽省中部、湖北省东北部和河南省东南角，即淮河以南，长江以北，湖北应山、汉阳以东的江淮地区，治所在扬州（今江苏扬州市）

北宋把唐代的"道"改称为"路"，把军事要地的州县改称

为军。湖北境内有五路：京西南路，下辖1个府即襄阳府，7个州，1个光化军；荆湖北路，下辖2个府即江陵府、德安府，10个州，其中鄂、复、峡、归在今湖北境内，其他6个州在今湖南境内；属淮南西路的是蕲、黄二州；属江南西路的是兴国军（以今阳新县为主）；施州（今恩施州）属夔州路。这里有两点值得注意，一是荆湖北路的名称，后来成为湖北省名的由来。二是鄂州定位为州，而不是府，但是它的实力上升。鄂州的州城在今武昌区，下辖7个县，仅次于襄阳府的19个县和江陵府的8个县，但7个县的人口却超过江陵和襄阳。北宋时期，湖北的人口约160万，其中鄂州有24万，位列第一，江陵22万，襄阳19万，蕲州19万，德安14万，黄州13万，峡州11万，兴国军10万。其余郢州、房州、随州、均州、归州、施州均在10万人以下。这样，鄂州、蕲州、黄州、兴国军，即鄂东南相加有60多万人，超过湖北全境的三分之一，达到40%。兴国军领永兴（今阳新县）、大冶、通山三县，辖区内有富民钱监、铜场、磁湖铁务。兴国军的商税和酒课足以匹敌鄂州和江陵府。

鄂东南人口和财富的增加，是岳飞抗金的强大后盾。南宋之初，岳飞任江南西路（包括兴国军）制置使，驻九江。随后，即1135—1140年，岳飞逐渐身兼鄂州等六郡节度使，湖北荆襄、湖南潭州制置使，荆湖南北襄阳府路制置使等，封武昌郡开国公。岳家军是一支10万人左右的军队，大本营在今武昌，军中高级将领没有湖北人，但士兵中多有湖北子弟。岳家军有两句著名的口号，叫"冻死不拆屋，饿死不虏掠"，除了打仗、屯垦之外，为了维持这么多人的生计，按照南宋朝廷的规定，岳家军可以开展合法的经营活动。当时有记载说岳家军在鄂州的经营活动每年能补充军用41.5万多贯。足以说明鄂东南的经济活跃，也能说明岳家军纪律严明，深得民众拥护。

武汉的重要性后来居上是南宋以后的事情。著名文人范成大从上游四川顺江而下到南宋都城临安（今杭州市）觐见宋孝宗，其间经过武昌。范成大在《吴船录》中描写武昌："（鄂州）南市在城外，沿江数万家，廛闬甚盛，列肆如栉，酒垆楼栏尤壮丽，外郡未见其比。盖川、广、荆、襄、淮、浙贸迁之会，货物之至者无不售，且不问多少，一日可尽，其盛壮如此。"第二年，陆游也从四川经鄂州回杭州，他在《入蜀记》中写道："至鄂州，泊税务亭子，贾船客舫不可胜计，衔尾不绝者数里，自京口以西皆不及……盖此郡自唐为冲要之地……市邑雄富，列肆繁错，城外南市也数里，虽钱塘、建康不能过，隐然一大都会也。"所以说州郡时代后期，武昌发展起来了。

我把前面所讲小结一下。先秦时期，也就是我说的方国时代，南方楚国独大，都城郢地位高，聚集力强，发展成为南方第一大城市。所以"以湖广言之，则重在荆州"。国家统一后，县以上的层级或称郡，或称州，行政区划多变，而且总趋势是管辖范围先大后小，内地的城市多数与这种政治格局的变化相关。州郡（郡州）时代，湖北的郡州首府此消彼长，发展缓慢。东汉时起，襄阳因所谓南船北马交会之地而崛起，成为继江陵以后的湖北第二大城市，"以天下言之，则重在襄阳"。州郡时代中期，现今的武昌首先成为三国时的军事城堡，到唐代安史之乱以后，成为湖北境内位居荆州、襄阳之后的三个方镇之一（鄂岳镇）。

到南宋，当时称为鄂州的武昌后来居上。这就是顾祖禹说的"以东南言之，则重在武昌"。顾祖禹没有说明"东南"指什么范围，我理解为可大可小。往大了说，可以是全中国的东南。历史上中国是中原先开发，直到东晋所谓衣冠南渡，南方进一步开发，但其实只是勉强接近或赶上中原，这一点从南北朝后期北游南士的观感可见。此后又有强盛的唐王朝的经营，南方最多也只能说与中原不相伯仲。到了宋朝，尤其是经过南宋时南方第二次大开发、大发展以后，东南财富才后来居上。往小了说，东南就是湖北境内的东南，以武昌为中心的这一片，不仅人口财富提升，而且在地理上与大东南的交通往来也比荆州、襄阳更便利。所以武昌不仅成为湖北第三极，而且有后来居上之势。但这还不是武昌的高光时代，它的高光时代出现在我说的行省时代。

三

最后一个时代，我把它称为行省时代。元朝在行政管理制度方面有一大创举，就是在朝廷设置中书省统领全国政务。把靠近都城北京的河北、内蒙古、山东、山西称为"腹里"，由中书省直辖。剩下的地方分设十个"行中书省"，简称行省或省。元朝划定行省的时候就把湖北划开了。在黄河以南、长江以北设定河南江北行省，包括湖北东边的黄州、蕲州，中部一直到襄樊都划过去了。省会在开封。湖北的地位整体下降了。另一部分划为湖广行省，三分之二在湖南，湖北只有东南部一块，但是湖广行省的省会设在武昌，它在政治地位上高出襄阳、江陵一头。还有施州（今恩施州）划归四川行省。

元代湖广行省地图。湖广行省为元世祖至元十一年（1274年）置，辖境包括今湖南大部、湖北部分，广西、海南全省及贵州大部、广东雷州半岛，下辖武昌、岳州、常德、澧州、辰州、沅州、兴国等30路

到明清两朝，行省以下用"府"取代了秦汉就大量使用的"郡"。"州"的地位也进一步下降。清朝的州分两种，一种叫直隶州，直隶州虽然直属于省，其下最多再管辖两个县，其地位比府低（府一般管辖7至9个县）；一种叫散州，基本相当于县。行省的行政长官，在元朝叫"平章政事"，在明朝叫"承宣布政使"。到了清朝，又把元、明两朝负责监察、巡按各行省的官职

和地方固定下来,在省一级确定总督和巡抚为最高军事和行政长官,布政使降为第三位,行省的地位和作用大大加强。明代洪武年间,河南省的范围退出鄂东和湖北中部,鄂北还属河南,不久鄂北全归湖北,湖广行省的范围就包括今天湖北大部分和湖南全境,甚至还有广西的西北角。此后直到清代康熙年间,湖广行省是全国十几个行省中面积第二的省份,仅次于甘肃省(此时甘肃包括了今甘肃省、青海省和宁夏回族自治区)。武昌作为全国第二大省的省会,地位之高自不用说,其吸纳力、影响力也更加强大。到了行省时代,湖北境内虽然还是三足鼎立,但是武昌已经遥遥领先了。

四

明代成化年间,汉水改道,汉口出现。经过百余年的发展,汉口到明末已成为当时中国的四大镇之一。经济上,鸦片战争前后汉口就有湖南帮、江西—福建帮、徽帮、宁绍帮、广东帮、四川帮、山(西)陕(西)帮等商帮。19世纪60年代,汉口因《天津条约》而成为通商口岸。19世纪90年代,张之洞兴办近代工业,训练新军,开办新式学堂,派遣留学生,使得武汉成为中部和西南部具有吸引力和辐射力的大都市。在经济方面,商业除传统的商帮商贸之外,增加了转口贸易和直接进出口贸易;制造业除原有的家庭手工业、手工作坊外,新增了现代机器工业;运输业除水运外还较早有了铁路。在教育方面,两湖书院(后来改名为两湖总师范学堂),还有文普通中学堂和武普通中学堂,都面向省外尤其是湖南招生。四川、湖南、安徽都在武汉办

了旅鄂中学堂。在军事方面，湖北新军和北洋六镇并称国内最精良的两支军事力量。云南、贵州、广西、江西和安徽等省的新军下级军官来湖北的军事学堂学习受训，湖北的军校毕业生和军官，被派往上述省份和北京、东北充任骨干。在财政方面，清末行省有一定权力，但只有几处地方，如天津、广州、武昌等设有铸币厂，其中武昌设有宝武局，可以鼓铸铜钱和银圆，清末武昌还有直属中央度支部的造币厂。

20世纪的最初十年，即辛亥革命前十年，中国由于战败赔款，偿还洋债，加上清政府实施新政，扩大了开支，全国陷入财政困难。湖北也不例外，张之洞在19世纪90年代开办汉阳铁厂、汉阳枪炮厂、布纱丝麻四局，动辄投资百万、数百万，但效益不佳；练新军、办教育、派留学，处处需钱。尤其是1901年的庚子赔款，湖北每年分摊120万两，所以从此以后张之洞再无力投资新式工业，而且不断加重捐税搜刮，但湖北的财政还是连年赤字，寅吃卯粮。

武昌首义之后，为了取得邻近各省的响应和支持，新成立的湖北军政府给湖南、江西、安徽等省，或拨出枪弹，或送去钱款，促成了湖南、江西起义的成功。阳夏之战时，湖南先后有三个协（旅）的部队支援湖北，江西有一支人数不详的部队抵达阳逻，牵制清军，供给都来自湖北军政府。而且为了抵抗清军，湖北革命军在原有不到两个协的基础上，先扩编为四个协，后成为八个协。这是哪来的财力呢？

我通过历史资料发现，辛亥首义后成立的湖北军政府迅速接管了藩库（省库）、造币厂和官钱局。在藩库清点出现银100万

两以上;在造币厂的银圆局和铜圆局接收白银 80 万两,银圆 70 万元,库存从日本购回的紫铜价值 30 万两;在官钱局发现银票、银圆票和铜圆票共合银 1200 余万两,还有元宝、银圆、铜圆几种合银 110 余万两,以上三处所得共合银 1560 余万两,再加上从其他官衙搜得银圆 70 万元。既然湖北地方财政濒于崩溃,这么多钱如何解释?

其实很简单。其一,武昌有度支部开办的造币厂,是全国改铸银圆的机构之一,湖北本省和邻近的湖南、贵州、云南几省应该解送朝廷的现银都先解送武昌。其二,造币厂和官钱局里的钱,有一部分是流动资金,另一部分是"产品",打个比方,就像印币厂印好后暂时库存的纸币,没有足够的保证金和物资作基础,是不能投放社会的,否则会引起通货膨胀。其三,官钱局的现金,包括借债而来的和应该偿还而未拨走的两部分,所以前述 1600 余万资金,并不是湖北真正的财政富余。湖北军政府知道这层利害关系,为解燃眉之急,也只能动用银圆票和铜圆票,都是纸币,而把所存现银作为流通纸币的基本保证,基本不大动用。即使如此,也仍然引起了物价上涨和市面波动。但反过来看,当时其他多数地方和城市,没有武汉这样可以挪用的资金,更不可能坚持到清帝退位,新的共和政府成立。军队力量也是如此,汉阳兵工厂存有尚未调拨别处的枪炮弹药,首义之后工人还在加班加点生产,如果换成别的城市率先发难,也可能很快失败。

所以说,张之洞对当时武汉的禀赋、资质和潜在实力是有所认识的。张之洞还在湖北时,他的老学生、罗田人周锡恩曾提出在卓刀泉古寺为张之洞建立生祠,被张臭骂一通。熟知武汉历史掌故的张之洞知道，卓刀泉古寺在明朝崇祯之前曾是权奸魏忠贤的生祠，崇祯帝杀掉魏忠贤后生祠被毁，现在自己怎么能接受周锡恩的这种建议？张之洞离开湖北进京之后，武汉军学界部分人士为纪念他建了抱冰堂，张没有异议。又在蛇山头的黄鹄矶建楼，为歌颂张的气魄、作为和风度，取名为风度楼，张之洞不满意，改名奥略楼，亲自题写了匾额，让湖北派人进京取回，并说明"奥略"二字，出自《晋书·刘弘传》中的"恢弘奥略，镇绥南海"。奥是深远，略是谋略、战略的意思，奥略楼作为象征，意味着武汉是清王朝在南部中国的擎天一柱。但是历史走向了张之洞意愿的反面，武汉成为率先挺身而出、推翻二千多年封建君主专制制度的英雄城市。

画家陶冷月于1933年拍摄的奥略楼

五

武汉作为"英雄的城市"，我认为它具备这样几个条件：一是有禀赋，即在先天上具备一些优势。比如武汉九省通衢、两江

交汇的优势,这是其他地方无法取代的。汉川的刘家隔其实比汉口出现得更早,也曾繁华一时,后来因为水道阻塞而衰落了。二是资质,就是利用天赋,经过历史沉淀,不断积累,通过努力提升自己创造物质财富的能力。三是机遇,有利的境遇,难逢的机会。四是在先进理论条件指导下的行动力。

武汉最初是农业社会的军事城堡,唐朝以后成为重要的行政治所,宋朝以后成为重要的商业城市,行省时代是行省省会,近代成为工商社会的商业城市,再到张之洞建立工业城市,中华人民共和国成立之初成为中南地区的政治中心……除了它拥有自然地理等天然禀赋外,人的进步和作为则是这个城市资质不断提升的原因。通过长期的历史积淀,到20世纪来临之前,人格化的武汉可以总结出如下的性格特征:一是博大包容的襟怀,较少狭隘的地域性心理;二是艰苦奋斗,坚韧不拔的生存意志和追求发展的进取心;三是因文教事业进步而逐步提升的学习能力,既使人们开阔了视野,也造就了各式楚才;四是从商业城市到工业城市,培养了人们的契约精神和合作习性;五是抗拒各种不合理的压迫、束缚的斗争精神。

我认为20世纪的辛亥革命是武汉作为英雄城市的起点,不同阶层的人士都在此事件中作出了英雄般的壮举,体现出大无畏的英雄精神。由于民族危机加剧,孙中山先生等仁人志士的革命理论深入传播,加上革命团体的组织发动,武汉民众的思想境界迅速得到升华。这种变化或者可以概括为从市民意识上升到国民意识;从追求一己一家的生存发展提升为追求民族和国家的生存发展;从学习先进知识理论到投入实践实行;从追赶到敢为人先；从小我到大我，敢于承担责任和使命，乐于牺牲奉献，从平凡的大众中产生无数有名和无名的英雄。

1911年，武昌首义的街头场景

这样的事例太多。比如在革命准备时期，革命团体前赴后继，不仅要克服经费上的困难，更要冒着被捕杀头的风险。有资产的人变卖家产，用于兴学、办报或组织活动。有的家庭兄弟妻子一起投入革命，为此家破人亡。首义之前，彭楚藩、刘复基、杨洪胜三人在审讯时坚贞不屈，公开承认自己是革命党而英勇牺牲。工程八营士兵在千钧一发时打响第一枪，测绘学堂的学生兵带头加入最初的革命队伍。阳夏之战中，湖北革命军民牺牲上万人。还有市民群众的英雄壮举，比如首义当晚攻打督署时，因为天黑，起义炮队架在中和门城楼和蛇山上的大炮不容易击中目标，起义者建议靠近督署的居民点火烧屋作为照明，居民二话不说，主动浇煤油点燃自己的房子。战斗中武昌、汉口的市民为革命军送水送饭菜，送馒头送肉。汉口刘家庙战斗时，青年市民直接参加战斗，铁路工人破坏了汉口郊外的一段铁路，驶来的清军运兵车侧翻，农民和市民冲上去帮着抓俘虏，帮革命军运送战利品。当阳夏保卫战进入街巷战时，冯国璋下令火攻，烧一段进攻一段，汉口市民英勇救火，不少人遭到清军的射杀。1912年4月孙中山到武汉时，他经过今武胜路到江汉路这一段繁华市区，看到的只有一片荒凉的颓墙碎瓦。但是两三年后，汉口市区就逐渐恢复了生气。英雄城市的韧性和顽强的生命力，让当时汉口租界的外国人也为之佩服。

武昌首义后，革命军行进在汉口的废墟中

这样的例子太多，此后的事情还有别的学者继续讲述。可以说中国的英雄城市还是不少的，有的在革命战争年代发生了有重大影响的英勇战斗，有的在和平建设年代为生产（如大庆）和科技创新取得突出成绩、作出巨大贡献，有的因为抵御自然灾害如洪水、地震、疫情为人瞩目，有的社会风气良好，因好人好事、见义勇为层出不穷获得赞誉。但是因为地理环境、城市体量和历史机遇的原因，这些英雄城市分属于不同类型，但武汉是涵盖多类的全能型城市，称为"英雄的城市"实至名归。我们为生活在武汉这个城市而自豪，也应该为这个城市而尽责。

（2022年9月19日）

大革命时期的武汉

田子渝,湖北大学教授、博士生导师,武汉文史研究馆馆员,主要从事马克思主义在中国初期传播史研究,是教育部哲学社会科学研究重大课题攻关项目"马克思主义在中国早期传播史料搜集、整理与研究"首席专家,主要著作有《恽代英传记》《李汉俊》《武汉五四运动史》《湖北新民主革命史·解放战争时期卷》等,成果多次获得教育部高等学校科研优秀成果奖项,2021年被选为湖北省第二届最美社科人。

(该讲座原名为《武汉国民政府》,本书编者对题目进行了改动)

扫码观看视频

我今天主要从三个方面讲讲大革命时期的武汉。第一个方面讲武汉国民政府的成立，第二个方面讲中共中央在武汉，第三个方面讲怎么看待大革命失败。

一、武汉国民政府的成立

1924年，孙中山在广州主持召开了中国国民党第一次全国代表大会。这次大会的历史意义就是国民党确立了"联俄、联共、扶助农工"的三大政策。顺便说一句，孙中山的原意其实是"容共"，"联共"是中国共产党、国民党左派后来总结的说法。

当时在中国有两个政权，一个是北洋军阀反动政权，另一个是南方国共合作建立的革命政权。孙中山一直想要发动北伐战争。但就当时的实力对比，南方政权想要北伐比较困难。因为孙中山只有10万人的军事力量。而直系军阀有约30万人，从直系分化出来的孙传芳约20万人，奉系的张作霖也是30万人左右。10万人的革命军队要怎么打赢军阀势力呢？那就是利用敌人之间的矛盾各个击破。北伐军从广州出发，首先进攻湖南、湖北。1926年10月10日，北伐军解放了武汉三镇，北伐战争取得了伟大胜利，革命的中心从南方转移到了长江中游，转移到了湖北，开启了湖北这一段伟大光荣的历史篇章。这个时候的武汉被称为"赤都"，是中国革命的首都。顺便说一个常识，武汉这个名词早就有，但是武汉建市始于1927年。北伐军解放了武汉，武汉国民政府成立，就有了武汉市。

武汉建市以后，革命的内部矛盾更加尖锐。主要体现在中国国民党的左派和中国共产党，与以蒋介石为代表的国民党新右派的矛盾更加突出。蒋介石是国民党的最高领导人之一，同时还是国民革命军的总司令，掌握着武装。1927年1月10日，宋庆龄、孙科、宋子文等到了武汉，国民政府的顾问鲍罗廷到了武汉，一大批中央委员到了武汉，革命的中心从广东转移到了武汉，广州国民政府的地位逐渐降低。武汉成为当时的政治中心。定都武汉，本来是蒋介石的意见，但他却出尔反尔。因为他发现武汉被共产党和国民党左派所控制，对他造成了威胁。于是发生了很有名的迁都之争。迁都之争表面看来是争论把首都定在什么地方，实际上是国民党内部的权力之争。左派和共产党要掌握革命的主导权，蒋介石也想掌握革命的主导权。所以他带着部队向东，将总司令部设在南昌，形成一个军事中心。

1927年3月，国民党二届三中全会在武汉召开。会址就在今天汉口民众乐园旁边的南洋兄弟烟草公司大楼。这个大楼也是武汉国民政府的办公地点，现在被辟为武汉国民政府旧址纪念馆，是国务院公布的全国重点文物保护单位。

武汉国民政府旧址——南洋兄弟烟草公司大楼

大部分国民党中央执行委员都参加了二届三中全会,有一部分右派和亲蒋势力没有参会。但二届三中全会仍然是国民党的最高权力机构,它做出了几个重要决定,包括中央执行委员会常委会采取主席团制,实行集体领导,对党政军行使最终决议权。本次会议免去蒋介石的中国国民党中央常务委员会主席等职务,保留了他国民革命军总司令的头衔,削弱了他的权力。所以说国民党二届三中全会的召开是一次局部的胜利,虽然削弱了蒋介石的力量,但是没能掌握全部的军事力量。

1927年3月10日,国民党二届三中全会与会者合影

国民党二届三中全会的集体合影就是在南洋大楼上拍摄的。第三排右起第三位的邓演达,是国民党的左派、中国共产党的好朋友,也是国民党中掌握实权的人物。他掌握着黄埔军校的实权。蒋介石是黄埔军校的校长,周恩来是黄埔军校的政治部主任,但实际上,黄埔军校的灵魂人物是邓演达。因为他是教育长,主要负责教学任务,与黄埔军校学生的关系最为亲密。后来

蒋介石叛变,邓演达能够控制黄埔军校约一半的军官。这也是后来蒋介石抓了他非杀不可的原因。第一排中间的宋庆龄,1927年可能是第一次到武汉。她在汉口住过两处地方,一个是南洋大楼,一个是现在黎黄陂路与沿江大道交会的路口,很漂亮的一栋房子,现在被辟为宋庆龄汉口旧居纪念馆。宋庆龄是个很有思想、很伟大的人,她既是孙中山的夫人又是孙中山的战友,但是她去世时不要求和孙中山葬在一起,而是要跟她的父母和照顾她生活50余年的保姆葬在一起。在武汉,宋庆龄积极领导妇女运动,投身革命工作。

1927年,宋庆龄在武汉留影

当时国民党中央执行委员分成三个部分,分别在广州、武汉和南昌。1926年12月,国民党中央执行委员和国民政府委员临时联席会议(简称党政联席会议)在武汉成立,标志着武汉国民政府时期开始。它是国民党在特殊情况下行使权力的最高机

构。经过迁都之争,国民党二届三中全会确定了定都武汉。这是武汉的光荣,也说明武汉确实是英雄的城市。

顺便说一下,在解放前夕,还没有成立全国人民代表大会的时候,全国政协讨论新中国的首都定在哪里,一部分委员提出来定都武汉,但这种意见没有成为主流。其实武汉具备建都的条件,第一,地理位置很好,号称"九省通衢"。第二,武汉有两条大江,水资源充沛。第三,武汉的自然风光也很好,有山有水。所以在1927年,武汉成为"赤都"——中国革命的中心。

二、中共中央在武汉

武汉在中国共产党的历史上有着举足轻重的地位。站在全国的高度来看,武汉都是很有分量的。

武汉是建党的重要基地。中国共产党成立时在各地一共有8个早期组织,武汉就是其中之一,并且是8个早期组织中第二个建立支部的。第一个早期组织在上海,所以上海是中国共产党的发源地。在参加中共一大的13个党员代表当中,湖北人就有5个,比例很高。有人质疑说这有什么稀奇,就是巧合吧。不是巧合,说明湖北具有进步的文化、红色的文化,在思想上走在了全国前列,没有这种文化氛围就培养不出无产阶级革命家。另外,为中共一大起草文件的两个人——董必武、李汉俊,都是湖北人。李汉俊是潜江人。潜江有关部门请我为李汉俊写传,我用的标题是《中国共产党创始人李汉俊传》,他们很迟疑,问可以这样说吗?我对此进行了肯定回答。地方上如果出了一个著名人物,只要是实事求是的,就应该尽量宣传。上海中共一大纪念馆就把李汉俊列为中国共产党创始人之一。中国工人运动的第一次顶峰也在武汉。中国共产党的创建时期，武汉是一方重镇。

大革命时期，除了北京和上海，在中共历史上比较重要的城市就是武汉。过去因为陈独秀的右倾错误而抹杀中共中央在武汉的光荣历史，这是不对的。1926年底，中共中央就开始迁往武汉。中央秘书厅、中央组织部、中央宣传部、中央农民运动委员会、中央妇女运动委员会、中央军事委员会、中华全国总工会等机构纷纷迁至武汉，直到大革命失败才又迁走。我认为这段历史应该大力宣传。再就是八七会议在武汉召开，这次会议对挽救党和革命作出了重要贡献。另外，在抗日战争时期，中共中央长江局在武汉，相当于是第二个中央，长江局中的政治局委员有段时期比在延安的委员还多。

武汉是大革命时期马克思主义在中国传播的中心。这是我在一篇文章中提出来的观点，得到了中共中央党史研究室的认可。什么叫马克思主义在中国传播的中心？中国共产党是在马克思列宁主义的指导下诞生的，马克思主义是中国共产党的精神灵魂。没有马克思主义，就没有中国共产党。马克思主义传入中国，最早是在晚清。但真正的传播者是李大钊。李大钊在1918年底发表了《庶民的胜利》《布尔什维主义的胜利》两篇文章。1919年5月，他发表了一篇更有名的文章《我的马克思主义观》，标志着马克思主义在中国进入比较系统的传播阶段。而我认为马克思主义传播的第二次高潮和中心就在武汉，理由如下。

第一，中共中央在武汉。比如说，现在全国的政治中心在北京，那思想传播的中心肯定在北京。所以1927年中共中央在武汉，中宣部在武汉，意味着马克思主义的传播中心就在武汉。

第二，中国共产党的政治家、思想家领袖在武汉。当时中宣部的部长是彭述之，此外蔡和森、瞿秋白、毛泽东等，都在武汉。

第三，党的机关刊物在武汉。当时党的机关刊物叫《向导》，还有共青团的机关刊物《中国青年》，也从上海搬到了武汉。湖北的恽代英、林育南、李求实、萧楚女等人在《中国青年》的撰稿、编辑过程中起了很大作用。

第四，也是最为重要的，武汉的马克思主义传播有成果。这个时期出版了一批马克思主义书籍，为武汉成为中心奠定了基础。那时候还没有人民出版社，中共中央的出版社叫长江书店，就在今天的六渡桥附近。长江书店出版了80多种马克思主义著作。1920年到1927年在武汉出版的马克思主义书籍很多，比同时期在上海、广州出版的都多。不仅多，质量还高。怎么评价一本书的质量高不高？再版是一个重要标准。毛泽东曾说过，《共产党宣言》《阶级争斗》《社会主义史》这三本书使他树立起马克思主义信仰。这三本书，这一时期都再版过。另外还出版了一批书，我们今天还在学习。

我着重介绍两本。

一本是《共产主义ABC》。ABC的意思是通俗读物。什么叫共产主义？什么叫马克思主义？这种基础性的问题，放在今天都不一定能回答得很清楚，那个时候大家就更不清楚了，甚至认为它是妖魔鬼怪、洪水猛兽。那么，这本书就是用最通俗易懂的语言来回答什么叫共产主义，什么叫共产党，什么叫资本主义，为什么资本主义必然被社会主义所代替，社会主义的前途是什么，共产党的性质是什么，共产党有哪些特点等问题。这本书在当时是一个普及读物，读起来还蛮有意思。而且它还教授方法。它要广大的劳动大众翻身解放，那么如何解放、夺取政权呢？可以通过武装斗争、罢工、怠工等方式。这本书在当时非常有名，作者布哈林相当于俄国共产党的第三号人物。这本书的影响很大，当时在中国一次性就印刷了5万本，革命青年几乎人手一本。但由于后来布哈林被斯大林打成反革命，所以很少有人再提起这本书。1992年，邓小平在南方谈话时回忆自己是看了《共产党宣言》和《共产主义 ABC》以后成为一个马克思主义者的，这本书才被重新提及。当然这里也有个背景，苏联为布哈林翻案平反了。

还有一本书是《列宁主义概论》。列宁 1924 年去世，去世时还很年轻，因为他遭受过一次枪击暗杀，从此身体每况愈下。列宁无疑是伟大的，他把马克思主义发展到了一个新的高峰，即列宁主义，是帝国主义和无产阶级革命时代的马克思主义。他的理论需要有人进行阐述。所以列宁去世以后，斯大林写了这本书。这本小册子20万字，篇幅不大。我个人比较喜欢斯大林的书，斯大林的书和毛泽东的书都有一个很大的特点，写得通俗易懂。我不太喜欢看列宁的书，因为列宁的书知识面太广，读者没有达到那种知识高度就跟不上。列宁喜欢跟别人辩论，如果读者

《共产主义ABC》　　　《列宁主义概论》

没搞清楚辩论的对象及辩论的观点，可能就看不懂。但斯大林不同，我建议大家看一看斯大林的书，平实的白话，但又很有逻辑性，一层一层讲得很清楚。毛泽东的书理论色彩也不是那么浓厚，说的是大白话，能让任何人都能看明白。毛泽东说：人的正确思想是从哪里来？是从天上掉下来的吗？是头脑里固有的吗？大家都能听懂。但是你明白它的内涵没有？毛泽东这句话，讲到了哲学中唯心主义的两种表现：主观唯心主义和客观唯心主义。人的正确思想是头脑里固有的吗？这是主观唯心主义。是从天上掉下来的吗？这是客观唯心主义。如果毛泽东说，人的正确思想是从哪里来，是主观唯心的，还是客观唯心的？这话讲给农民听，农民肯定听不懂。但是毛泽东却用大白话说出了深奥的道理，能够做到雅俗共赏。斯大林也有这个特点，他用最通俗的话解释了什么叫列宁主义。我个人认为，后来解释列宁主义的书很多，但是像斯大林这样通俗易懂解释列宁主义的还很少。《列宁

主义概论》曾经被列为中国共产党干部的必读书目,一直到苏联解体后,这本书才被放到历史的文库里,其实还是应该拿出来读一读。

这两本书都是这一时期在湖北出版的。毛泽东还有一篇重要文章也是在武汉写的,就是《湖南农民运动考察报告》。他在湖南考察了30多天,回到武昌后迅速撰写了此文。《湖南农民运动考察报告》重要在哪里?毛泽东抓住了农民问题这个中心问题,认识到中国的革命就是农民的革命,所以这篇文章在中国革命历史上具有很高的地位。中国共产党的五大是在武汉召开的,这也是武汉的光荣。现在已经建成中共五大会址纪念馆,旁边就是中央农民运动讲习所旧址、毛泽东旧居等。

我再介绍几本书,如果大家研究武汉国民政府的话,可以看看。一本是《武汉国民政府史料》。这本书非常了不起,因为国民党的档案主要在台湾,武汉市地方志办专门派人到台湾去抄了几十万字回来。另外又把共产国际已经披露的文件和中国共产党的部分文件放了进去,所以这本书有非常丰富的史料,更完整地反映了武汉国民政府的情况。第二本是《武汉国民政府史》,由中南财大被称为学界"三驾马车"的刘继增、毛磊、袁继成三位教授合著。这本书写于20世纪80年代。在那个档案资料都没有公开、资料也不易查找的年代,他们写了40万字,基本观点正确,非常不容易。还有一本是《中国共产党第五次全国代表大会》,很多资料来源于中央档案馆。把中国共产党第五次全国代表大会的文件,包括政治局讨论的会议记录都收录了进来。

《武汉国民政府史料》　　《武汉国民政府史》　　《中国共产党第五次全国代表大会》

三、怎样看待大革命失败

关于大革命失败，有两个误区。一个误区是把大革命失败的原因放在了主观方面；另一个误区是没有看到国共合作的成果。其实大革命失败是必然的，不是个别人的问题，因为条件不成熟。大革命失败最根本的原因就是敌我力量相差太大。当时，中国共产党面对的敌人非常多，有帝国主义，有北洋军阀，有国民党的新军阀。中国共产党还没有自己的革命武装力量。中国革命的一个特点是用革命的武装反对反革命的武装。为什么到1949年，中国共产党建立了新中国？那是靠着中国人民解放军打了三大战役，百万雄师过大江。毛泽东为什么直到1948年才提出打倒蒋介石、解放全中国？因为直到1948年中国共产党才掌握战略上的主动权，国民党那时候已经没有多少部队了。1948年以前没有这么提，因为之前的力量不够强。

大革命时期，共产党没有任何的武装，要说有，那是很小很小的武装，就是一个独立团，后来变成一个独立师。而国民党的部队有多少？北洋军阀的部队有多少？还有其他地方军阀的部队有多少？那个时候提出来"共产党打天下""贫苦农民坐天下"

的政治口号，口头喊可以，但是真正打起仗来可不是那么回事。毛泽东在发动湘赣边界秋收起义受挫。毛泽东审时度势，率领剩余的少量军队登上井冈山，没有再去继续攻打长沙等大城市。如果此时还在鼓吹农民不怕死，视死如归，是很不现实的。只有当农民、工人树立了正确的马克思主义世界观，成为自觉的马克思主义者时，才能一往无前，投身革命。现在将大革命失败归咎于陈独秀，其实是片面的。大革命失败最根本的原因是敌我力量对比悬殊，中国共产党领导的军队力量太薄弱。

很长一段时间里，对大革命失败后国共合作的成果提得很少。其实第一次国共合作有很大的成果：第一，共产党和国民党合作建立了武汉国民政府。后来蒋介石在南京建立国民政府。南京国民政府通过二次北伐战争统一中国，从国家统一的角度看，是有进步意义的。国共合作之前，中共一大召开时，共产党员只有50多人。中共二大时，党员增加到195人。中共三大时增加到420人。国共第一次合作期间，中共四大召开时，共产党员人数为994人。但1927年，中国共产党员人数增加到5万多人，国共合作的成果可谓是巨大的。即使蒋介石叛变革命之后，中共党员由5万多人减少至1万多人，还是比1925年党的四大时人数要多得多，革命火种通过国共合作得以延续和传承。

最后讲一下陈独秀。把大革命失败的责任都推在陈独秀身上真的很冤枉。如果他是唯一的领导，那他负有不可推卸的责任，但实际上所有大的行动都是根据共产国际的指令进行的。共产国际当时派了两个人来中国，一个叫鲍罗廷，一个叫罗易。这两个人是中国革命的实际指挥者。谈到中国共产党跟共产国际的关系，一般是说"共产国际指导中国革命"，这个用词不准确。我最近看了一下共产国际的文件，用的是"指令"这个词，也就是命令。共产国际与中国共产党是上下级的关系，中国共产党是共产国际的一个支部，相当于现在党委和支部的关系。所以共产国际的命令中国共产党要执行，如果不执行，就要换人。而马克思列宁主义对中国革命的关系，才是"指导"。所以大革命失败应该由谁来负责？我个人认为，应该由共产国际来负责。

陈独秀

2021年纪念中国共产党成立100周年时，在很多电视剧中，陈独秀是得到了充分肯定的。这比较客观公正。陈独秀是一个伟大的马克思主义者。陈独秀现在被中国共产党和社会舆论所肯定的有这么几点：一是新文化运动的精神领袖；二是马克思主义的主要传播者；三是中国共产党的主要创始人之一；四是五四运动的总司令；五是中国共产党早期主要的领导人。

武汉国民政府在中国历史上具有非常重要的地位，大革命时期的武汉是革命的首都，是中共中央的所在地，是马克思主义传播的中心，我们作为武汉人应该感到光荣。武汉是英雄的城市，我们要把这光辉的一笔留存在历史里。

（2022年9月29日）

社会主义建设时期的英雄武汉

方耀强，武汉市社会科学院研究员，武汉市地方志专家委员会委员、专家库专家，主要研究方向为党建、社区建设、城市文化，主持和参加市级以上重点课题20余项，编著《中国冶建第一军》《金口，中华名舰第一镇》《创新思维论》等著作，发表《巩固和扩大党的执政空间》《社区党建的创新之路——来自百步亭花园社区的报告》《武汉建市的历史意义与现实观照》等论文百余篇。

扫码观看视频

"武汉不愧为英雄的城市,武汉人民不愧为英雄的人民,必将通过打赢这次抗击新冠肺炎疫情斗争再次被载入史册!全党全国各族人民都为你们而感动、而赞叹!党和人民感谢武汉人民!"习近平总书记高度评价、充分肯定了武汉和武汉人民在抗击新冠肺炎疫情中的巨大牺牲和伟大贡献。

说到英雄武汉,我也查阅了一些资料。其中,华中师范大学罗福惠教授在前面的讲座中谈到,中国的英雄城市不少,但综合地理环境、城市体量和历史机遇等多重因素后,可以说武汉是一个涵盖多个领域的全能型英雄城市。他提出了一个全能型英雄城市的概念,我想在此基础上再延伸两点:第一,从纵向来看,近代以来的武汉一直担当着英雄城市的重任。习近平总书记在高度赞扬武汉这座英雄城市时用了两个词,一个是"无愧",一个是"再次"。"无愧"包含了历史和当下,"再次"意味着当下和未来。武汉是辛亥革命的英雄城市,是大革命时期的英雄城市,是抗日战争中的英雄城市,这三次都因具有建都意义而史无前例。中华人民共和国成立后,武汉成为社会主义和平建设时期的英雄城市,一直延续到改革开放。所以,近代以来的武汉一直就是一座英雄城市。第二,从横向来看,中华人民共和国成立以来,国家以"英雄城市"的称号对一个人口超千万的城市进行褒奖,这是少有的。从红色意义上来讲,中国的英雄城市有不少,比如南昌起义的英雄城市南昌,抗美援朝的英雄城市沈阳,国民经济恢复时期的英雄城市鞍山,改革开放的英雄城市深圳等。但是,党和国家最高领导人对一个人口超千万的城市直接给予"英雄的城市""英雄的人民"双重赞扬的,恐怕只有武汉,这是武汉的荣耀。

当我们把英雄城市的坐标定位于中华人民共和国成立并平移到历史的交叉点上时，我们就会看到一个社会主义建设时期的英雄武汉。它前承革命胜利的果实，后启改革开放新时期，奠基新时代中国特色社会主义建设。这个时期的英雄武汉，按照英雄城市的发展逻辑，大体分为三个阶段：一是国民经济恢复时期（1950—1952年），二是重点建设时期（1953—1957年），三是全面建设时期（1958—1966年）。

"在志讲志"，我今天的分享也是自己学志用志、志料收集和个人口述相结合的一次尝试。今天的讲座内容主要包括四个问题：一是英雄武汉与武汉城市名片，二是英雄武汉与武汉城市英雄，三是英雄武汉与武汉城市精神，四是英雄武汉与武汉城市新征程。需要说明的是，按照中华人民共和国成立后前30年的内在逻辑，我这次讲座的内容将适当延续到改革开放的初期阶段，因为这既是历史的联系，也是逻辑的联系。

一、英雄武汉与武汉城市名片

将城市名片冠以"英雄城市"，这是近些年来的一种红色现象。什么是城市名片？城市名片是能够充分反映当地文化经济特色，代表城市品牌形象和文化内涵的地理标志产品、特色景致、标志性建筑等。对武汉来说，楚剧、汉剧、黄鹤楼、江汉关、热干面、洪山菜薹、知音传说、问津书院等，这些都是武汉的城市名片。但是这些城市名片和英雄武汉的城市名片，是有区别的。当然这些名片里面或许有些特定的英雄因子，比如，抗疫中网友们喊出了"热干面加油"的口号。那么"热干面"和"热干面

加油"这样的称呼，不管是一种对面食的描述，还是一种面食所代表的城市精神，我觉得这里面是有英雄因子的，从某种程度上它也可以成为一个时期的名片。对于武汉来说，还有像木兰山、姚家山、将军山、侏儒山、涨渡湖、梁子湖等地标，可以作为中国共产党领导的红色名片和精神标识。习近平总书记也多次在讲话中提到精神标识。

英雄城市的红色城市名片，是从中国共产党领导的革命和建设意义上来定义的。1949年武汉解放，从革命战争年代进入到社会主义建设时期，从消费城市变成了工业城市，这个时期的英雄城市是和社会主义建设紧紧联系在一起的，是和工业建设特别是重工业建设紧紧联系在一起的。从建设的角度思考，武汉产生了最为耀眼的五张名片，它们分别是：抗洪英雄，首创全民战胜特大洪水的中国武汉奇迹；桥梁英雄，建造快速沟通南北交通的武汉长江大桥；钢铁英雄，兴建改变南北钢铁布局的武汉钢铁公司；"武字头"英雄，全面加快兴建门类齐全的完整工业体系；天下英雄，同心云集加快建设江城武汉的国家力量。

（一）抗洪英雄，首创全民战胜特大洪水的中国武汉奇迹

1954年，武汉经历自有水文记载以来的最大洪水。3月，武汉关的水位还是14米，6月26日突破警戒线，达到26.38米，8月19日达到历史最高水位29.73米，还有一种说法，说是在8月18日达到最高水位，我查了资料，认为应该是在19日。这是武汉关水文站自1865年建站以来的最高水位，也是中华人民共和国成立以来首次遭遇的特大洪水。长江在武汉已经成为高居其上的地上悬河。长江、汉江大堤随时有决堤的危险。武汉市在全

国人民的支持下，最终战胜了特大洪水，避免了1931年那样的毁灭性洪灾。1954年，武汉评定防汛功臣15000多人，其中特等功6人，一等功376人，二等功2452人，三等功12299人，获防汛烈士称号的有80人。我小时候，在20世纪50年代末60年代初，曾看见过我父亲参加荆江分洪、参加武汉防汛的奖状，可惜后来在搬家的过程中丢失了。战胜1954年特大洪水，在中华人民共和国成立初期就为英雄武汉赢得了崇高荣誉。毛泽东为武汉抗洪工作题词："庆贺武汉人民战胜了一九五四年的洪水，还要准备战胜今后可能发生的同样严重的洪水。"这是武汉在抵御自然灾害中首次获得的、含金量最高的国家荣誉。从某种意义上来说，人类的历史就是一部与洪水搏斗的历史。毛泽东曾强调"一定要把黄河的事情办好""一定要根治海河"。位于长江沿岸的武汉，率先作出了史诗般的伟大示范。

1954年，抗洪军民加高江汉关前的长江堤坝

1954年，经过加固加高工程后的汉口沿江防水墙，成功挡住了29.73米的最高水位

（二）桥梁英雄，建造快速沟通南北交通的武汉长江大桥

武汉长江大桥是中华人民共和国建造的第一座公铁两用长江大桥，素有"万里长江第一桥"的美誉。武汉长江大桥通车，无论是从中国建桥史，还是从中国交通史、中国建设史的角度来讲，都具有划时代的重大意义。

从中国建桥史来说，武汉长江大桥是史无前例的。武汉长江大桥建成之前，中国也有较大的跨江铁路桥，有跨越京汉铁路的郑州黄河铁路大桥、跨越津浦铁路的蚌埠淮河铁路大桥等。郑州铁路黄河铁路大桥兴建于1903年，1906年通车，它是中国第一座横跨黄河南北的钢体结构铁路大桥。蚌埠淮河铁路大桥，建成于1911年，是当时淮河上第一座也是仅有的一座铁路大桥。这两座桥，一个横跨黄河，一个横跨淮河；一个贯通京汉铁路，一个贯通津浦铁路。但是这两条铁路到了长江还得依赖火车轮渡，徐家棚火车轮渡码头就是这段历史的见证。武汉长江大桥是中华

人民共和国成立后在万里长江上修建的第一座公铁两用大桥，上层为公路，下层为铁路。我小时候曾学过一篇课文，里面是这样讲的："小朋友，你们瞧，这座大桥多么好。大桥跨在长江上，她比十层楼房还要高。上层是公路，汽车来回跑。下层是铁路，火车呜呜叫。两头还有桥头堡，好像卫兵在放哨。"而郑州黄河铁路大桥则是单层的公铁两用桥，1973年我随部队去外地慰问演出时曾经路过这座桥，桥面一次只能通行一辆汽车，等这边的车过去了，那边的车才能过来；桥有时候过火车，有时候过汽车，过汽车的时候，火车就得停，过火车的时候，汽车就得停。蚌埠淮河铁路大桥同样不是双层的公铁两用桥。由中国桥梁专家茅以升主持全部结构设计的钱塘江大桥，是中国自行设计、建造的第一座双层铁路、公路两用桥，但它不是在长江之上，是在钱塘江上面。所以说，武汉长江大桥是"万里长江第一桥"。

　　从中国交通史来说，武汉长江大桥是史无前例的。武汉长江大桥和汉水铁路桥，是连接武汉三镇的重要通道。武汉长江大桥建成之后，更成为连接我国南北的大动脉。武汉长江大桥建成之前，渡过长江的方式主要是轮船，火车过江则是使用火车轮渡。有首民谣是这么唱的："武汉一大怪，火车轮渡载。"武汉长江大桥的建成，不仅标志着武汉三镇真正融为一体，而且连通了1906年建成的京汉铁路和1936年建成的粤汉铁路，使中国最重要的一条南北铁路干线得以贯通。在国家战略上，武汉长江大桥不仅是修给武汉人民的桥，更是修给全国人民的桥。所以毛泽东在《水调歌头·游泳》中写道："一桥飞架南北，天堑变通途。""南北""通途"，这是何等的英雄气概！

1957年10月15日举行的武汉长江大桥落成通车典礼

从中国建设史来说,武汉长江大桥是史无前例的。武汉长江大桥建设之前,民间曾流传着这样的一句歌谣:"黄河水,长江桥,治不好,修不了。"中华人民共和国成立后,中央人民政府决定建设武汉长江大桥。在长江上建桥谈何容易,首先就面临着三大难题:实际问题——钱从哪来?人才问题——谁来设计?技术问题——谁来提供?在这些建设问题的解决过程中,武汉长江大桥得以逐步建成,这充分彰显了中国自信、中国智慧和中国自豪。武汉长江大桥作为武汉的地标性建筑,陪伴了一代又一代武汉人的成长,也见证了武汉城市日新月异的发展,现在已经成为国家重点文物保护单位。

(三)钢铁英雄,兴建改变南北钢铁布局的武汉钢铁公司

中国最早的钢铁工业就和武汉有关,其历史可追溯到1896年湖广总督张之洞筹办的汉阳铁厂,那是当时亚洲最大的钢铁厂。但是到了1949年中华人民共和国成立之时,全国的钢铁产量只有15.8万吨。大规模的社会主义建设急需大量钢材,国民经济的发展也需要钢铁来作为支撑,然而西方国家对中国进行经

济封锁,所以中国面临的一个重要任务就是必须要让中国的钢铁过好增加产量这道大关,挺起民族的钢铁脊梁。优先发展重工业,关键在于钢铁。"一个粮食,一个钢铁,有了这两样东西就什么都好办了",毛泽东曾多次表达过这个观点。于是国家就有了建造中华人民共和国第一座大型钢铁企业的决策。那么这个企业建在哪里呢?这就涉及中国钢铁工业的布局问题。1947年到1950年,中共中央先后接管了30多家钢铁企业,开始集中人力物力恢复钢铁企业的生产。当时的钢铁企业主要集中在东北,形成了北重南轻的钢铁工业局面。全面发展钢铁工业,必须改变这一局面。当时有苏联专家建议选址在内蒙古,因为内蒙古矿产资源比较丰富,而且靠近苏联,毛泽东没有同意这一方案。毛泽东认为,中华人民共和国建设的第一座大型钢铁联合企业,不能简单从资源方面考虑,也要从国防和工业布局方面考虑。钢铁不仅要在产量上过关,而且要在地理上过关,应该向南发展。所以,新建的钢铁企业最后定址在武汉青山。在武汉青山蒋家墩这样一个荒芜的地方,崛起了一座"十里钢城",就是中国的"红钢城"。为了给红钢城服务,武汉还诞生了一个新的行政区——青山区。武汉钢铁英雄撑起了半边天,红遍了全中国。

20世纪50年代初,武汉钢铁公司建设前的青山地貌(局部)

1958年9月13日,武钢炼铁厂第一号高炉炼出第一炉铁水

(四)"武字头"英雄,全面加快兴建门类齐全的完整工业体系

我所说的"武字头"企业有两种,一个是国家布局在武汉的"武字头"企业,另一个是武汉自力更生、独立发展的"武字头"企业。这一时期,担负国家建设重任的武汉工业英雄不仅有钢铁英雄——武汉钢铁公司,还有机床制造英雄——武汉重型机床厂,电力英雄——青山热电厂(早期叫湖北青山热电站),船舶制造英雄——武昌造船厂,食品加工英雄——武汉肉类联合加工厂等一批国字号、省字号大型企业。其中,武汉重型

机床厂,是当时国内最大的重型和超重型机床制造厂家,1953年始建,1958年建成投产。湖北青山热电站是中国山海关内第一座高温高压火力发电站,1955年破土动工,1957年第一台机组并网发电。武汉肉类联合加工厂,是当时国内规模最大、技术先进的肉类联合加工厂,1958年建成投产。武汉锅炉厂,是当时全国最大的特种锅炉生产厂,1960年全面投产。武钢、武重、武船、武锅、武汉肉联被誉为武汉工业史的"五朵金花",延续到改革开放前,还有武汉葛电化工厂、武汉石油化工厂等企业,这些企业都是武汉的英雄、武汉的荣光。

20世纪80年代的武汉肉类联合加工厂

这一时期,武汉地方国有骨干企业取得了长足发展。全市改组、改造、扩建了近200个骨干工业企业,新建了一批市属企业,形成了冶金、机械制造、纺织三大支柱产业和食品、化工、电子、轻工、医药、建材等门类齐全的工业企业。在三大支柱产业中,有以汉阳钢铁厂、武汉薄板厂等为代表的冶金企业,以武汉机床厂、武汉第二机床厂、武汉内燃机厂、武汉柴油机厂等为代表的机械制造企业，以武汉第一棉纺织厂、武汉第二棉纺织厂、武汉第六棉纺织厂等为代表的纺织企业。其他产业中，还有以武汉食品厂、武汉第二汽水厂等为代表的食品企业，以葛店化工厂、武汉燃料厂、武汉有机合成化工厂、武汉化工原料厂等为代表的化工企业，以武汉无线电元件厂、武汉无线电厂等为代表的电子企业，以武汉制药厂、武汉中联制药厂等为代表的医药企业。这一时期的武汉工业不仅门类齐全，而且聚集发展成为工业片区。例如，汉口有古田工业区、堤角工业区、唐家墩工业区，武昌有钵盂山工业区、关山工业区，汉阳有七里庙工业区等。武汉成为华中地区最大的制造工业中心、中国的工业重镇。

1952年7月1日在汉阳建成投产的国营武汉第一棉纺织厂

（五）天下英雄，同心云集加快建设江城武汉的国家力量

那是一个天下英雄汇聚武汉的伟大时代，进而产生了许多"南下英雄""东进英雄""西迁英雄""北上英雄"。其中，"南下英雄"的代表有支援武钢建设的鞍钢工人；"东进英雄"的代

表有支援武钢建设的中国人民解放军公路二师、长江水利委员会成立后从重庆来到武汉的长江水利技术骨干；南昌中南体育学院迁到武汉，后改名为武汉体育学院，是为"北上英雄"；上海同济大学医学院迁至武汉，后来变为武汉医学院，是为"西迁英雄"。中科院武汉分院、长江流域规划办公室（后来的长江水利委员会）、长江航运公司等，都将总部设在武汉，彰显了天下英雄云聚江城的国家力量。正因为如此，三峡大坝、汉丹铁路、长江航运、测绘科技等都有了英雄武汉的贡献。以上是给大家提供的一个认识英雄武汉的思路。

既往风云七十年，昔日英雄何处寻？武汉的英雄事件、英雄形象以不同的形式存在着，其中最耀眼的就是国家名片——人民币和邮票上的武汉英雄元素。比如，贰角人民币上的武汉长江大桥，邮票上的武钢、武重等。英雄武汉不仅有城市名片，而且还有"形象代言人"，例如，毛泽东创作的关于武汉的诗词，毛泽东、刘少奇、周恩来、朱德等国家领导人多次视察武汉，都是对武汉的一种认可和宣传。

中国人民银行1964年发行的第三套人民币贰角纸币正面的武汉长江大桥图案

中华人民共和国成立十周年纪念邮票上的武汉钢铁公司

二、英雄武汉与武汉城市英雄

谈英雄城市的时候,一定要讲城市中的英雄人物,我主要从劳动模范、精神典范、革命烈士、先声英雄、百姓英雄这几个角度来进行阐述。英雄的城市离不开英雄的人民,时代产生英雄,英雄推动时代前进。这一时期的英雄有一个变化,那就是从战斗英雄变为劳动模范,进而产生了体现中国故事、中国精神、中国梦想的精神典范,改革开放的先声英雄和家国情怀融聚一身的百姓英雄。

(一)劳动模范

劳动模范是激励一代又一代劳动者投身革命、建设和改革的伟大实践,是实现中华民族伟大复兴中国梦的强大榜样力量。由于战争的创伤,中华人民共和国面临的是一个千疮百孔、百废待兴的社会局面,发展生产成为主要工作任务,在"劳动光荣""劳动神圣"的朴素理念影响之下,诞生了一大批自力更生、艰苦奋斗的劳动模范。党和国家历来高度重视劳动模范的评选、表彰工作。从1950年到2020年,国务院先后召开16次表彰大会,表彰全国劳动模范和先进工作者34008名。早期全国劳模表彰大会召开的时间不是很固定，20世纪90年代以后才相对固定下来，每五年召开一次，一般是在"五一"劳动节的前几天召开。最近一次受新冠肺炎疫情影响，2020年11月才召开。全国劳模表彰大会的目的是弘扬劳动最光荣、劳动最崇高、劳动最伟大、劳动最美丽的社会风尚。

接下来讲一讲劳模的溯源问题。20世纪三四十年代，为了支援革命战争、巩固革命根据地，中国共产党在苏区和陕甘宁边区的军工、农业等领域开展了劳动运动，并组织了数次劳动模范表彰大会。劳动模范最初其实也叫劳动英雄。中华人民共和国成立后，随着社会中心任务转向国家建设，党和国家在更大规模上推动了劳模表彰工作。1950年9月25日至10月2日，中央人民政府在北京召开全国劳模表彰大会，授予464人全国劳动模范称号。其中，武汉有5人获此荣誉，他们是张万兴、朱玖、冯宣泰、陈玉玺、马可芳。1951年2月，武汉市第一届劳动模范表彰大会召开。1960年全国劳动模范表彰工作暂时性停止，于1977年恢复，1995年开始作为制度性安排，每五年举办一次。

劳模的数量主要体现了社会主义建设时期武汉市的劳模分布。1950年至1960年，武汉市先后召开了8次劳模表彰会、先进代表会，这一时期劳动模范的群体基数很大。仅工业方面受表彰的市级劳动模范、先进工作者就高达4269人次，先进集体1768个。其中，受表彰的女工人数也很多。以女工密集度较大的武汉纺织行业劳模群体为例，这一时期共表彰247人，约占工业方面获奖人数的6%，其中女性劳模111人，占该行业获奖人数的45%。从1950年中共中央、国务院开始全国劳模和先进工作者评选，截至2015年，武汉市共有325人次获得全国劳模和先进工作者荣誉称号。这里提一句，在 2015 年的时候，全国第一届劳动模范陈玉玺仍然健在，他已是 89 岁高龄。截至 2020 年，武汉市历年受到国家表彰的劳动模范和先进工作者达 363 人次。

通过劳模档案可以反映出一些社会主义建设时期劳模的特点：一是全部来自企业，是清一色的工人劳模，体现了当时政府对工业建设的重视。如张万兴、朱玖、冯宣泰、陈玉玺、马可芳这 5 个劳模分别来自郑州铁路局武昌机务段、汉口申新纱厂、华中钢铁公司、中南军区军需皮革厂、中南军区某被服厂。二是生产节约是一项重要的评选标准。朱玖通过提升技术，一个人可以完成两个人的工作量。陈玉玺不断改进生产工艺，特别是在制革过程中，采用加一道铲子铲皮的办法，使皮面扩大，对提高生产质量作出了贡献。三是军工企业工人占有相当比例。1950 年武汉市的 5 名全国劳动模范当中，有 2 名来自军工企业。这既反映了增产节约的要求，也反映了军工生产的需要。

1956 年，武汉有 87 人荣获全国先进生产者称号。此时的劳动模范主体仍然是企业工人，但又呈现出三个新的特点：一是在增产节约的基础上，加大了对科技劳模的表彰。例如武汉市江岸车辆厂副总工程师范忠志，他一生共实现大小革新项目 2000 多项，其中 40 多项属重大革新成果，成为中华人民共和国第一代革新能手。二是在企业工人基础上，表彰范围扩大到了其他劳动者。比如杂货店的店员、百货公司的营业员、供销合作社的工作人员，还有电影放映队、汉剧团、中学等文教单位的先进代表。三是从外地调入劳模，如武汉钢铁公司的李凤恩就是从鞍山钢铁公司调过来的，这反映了以全国劳模为代表的各路英雄汇聚江城、建设武汉的特点。

1959年，从武汉荣获全国社会主义建设先进生产（工作）者的人员情况来看，其范围又扩大到了交通运输、基本建设、财贸方面。这一届劳模的特点是工程技术人员或者说从工人当中产生的工程技术人员受到表彰的人数显著增多，比较有名的有龙文忠、刘道成、马学礼等。龙文忠，历任武汉市第四建筑工程公司检工员、技师，武汉市建筑工程科学研究所工程师，武汉市建工局、武汉市建筑总公司副总工程师。20世纪50年代先后革新了130多项钢铁施工技术，被称为"工人发明家"，1956年、1959年两次荣获全国先进生产者称号。刘道成，是从沈阳第一机床厂调入武汉重型机床厂的，先后实现200多项技术革新，成功地制造了"龙门剪床""电动滚床""压力机"等生产设备。马学礼，是在1957年从沈阳第一机床厂调入武汉重型机床厂的，仅1959年他就提出革新建议340多条，被采纳60多条，实现了"深孔套料刀""外旋风铣""多刀铣蜗旋牙条""蜂窝胎具"等重大革新，对改进生产技术作出了贡献。

马学礼

1960年，全国社会主义建设先进生产（工作）者的表彰主要集中在教育和文化、卫生、体育、新闻方面，武汉共有39人受到表彰。从1950至1960年，除了私营劳动者，全国先进生产者的表彰范围基本覆盖到了各行各业的劳动者。20世纪70年代，武汉市又相继涌现出了一批全国工业学大庆先进生产（工作）者，全国科技先进工作者，全国财贸学大庆、学大寨先进生产（工作）者，全国工业、交通、基本建设战线劳动模范，全国文化、教育、卫生先进生产（工作）者，全国农业学大庆、学大寨劳动模范。从劳模的评选过程中，可以领略一个时代的精神，理解一个时代的进步。

（二）精神典范

20世纪50年代末60年代初，国家大力倡导、表彰了一大批精神典范人物，如雷锋、焦裕禄。我讲的精神典范，是一个与劳动模范相对的说法，以示区分。这一时期，国家不仅需要硬件建设，如武钢、武重、武汉长江大桥这些有形的建设；更需要软件建设，把中国共产党人、中国人民的宝贵精神当作一面旗帜举起来，像建设钢筋水泥大厦一样来建造精神道德大厦。从1963年开始的学雷锋活动就是这样应运而生的。

龙蓉芳是武汉的商业典范代表。龙蓉芳，1956年在武汉市百货公司中心百货商店做营业员，同年加入中国共产党。她热爱工作，把顾客当亲人，成为生产与消费者之间的桥梁，党与人民群众之间的纽带。1959年被评为全国社会主义建设先进生产（工作）者。

龙蓉芳

吕锡三是武汉的少年英雄代表。吕锡三1955年进入武汉市球场街小学读书,加入中国少年先锋队。1959年6月10日,在两个少年掉进水中的危急关头,他临危不惧,舍身救人,光荣牺牲,年仅13岁。共青团武汉市委追授他为优秀少先队员。中共武汉市委和市人民委员会为其建碑纪念,中华人民共和国副主席董必武为纪念碑题词:"少年英雄吕锡三纪念碑"。

描绘吕锡三事迹的连环画《少年英雄吕锡三》

"向朱伯儒学习 做八十年代新雷锋"宣传画

朱伯儒是武汉的时代标兵代表。朱伯儒于1955年参加中国人民解放军,历任战士、学员、参谋、股长、仓库副主任、武汉军区空军后勤部副部长等职。入伍以后,他以雷锋为榜样,发扬党的优良传统,全心全意为人民服务,先后21次立功受奖。他的党叫干啥就干好啥的"螺丝钉精神"、燃烧自己温暖别人的"炭火精神"、自觉抵制不正之风的"大树精神"和模范事迹,在全社会引起了强烈的反响,被誉为"八十年代新雷锋"。1983年,中央军委授予他"学习雷锋的光荣标兵"荣誉称号。朱伯儒是军队的英雄,也是武汉的英雄。

(三)革命烈士

在革命战争年代,中国共产党的第一位烈士——林祥谦,就是在武汉牺牲的,如果加上施洋等人,那么中国共产党的第一批烈士也是在武汉牺牲的。还有北伐军到达武汉之前,武汉本土牺牲的烈士陈定一,他是汉阳舵落口人。陆定一的妻子唐义贞,是武汉武昌人,也是一名革命烈士。大革命失败后,"中国共产党唯一的女创始人"向警予在武汉牺牲。还有大家熟知的夏明翰，也是在武汉牺牲，他就义前写下了"砍头不要紧，只要主义真。杀了夏明翰，还有后来人"的著名诗句。武汉现在还有警予中学、夏明翰小学、义贞小学等，表达对烈士的纪念。土地革命战争的时期，在黄麻起义中牺牲的潘忠汝、吴光浩，都是武汉黄陂人。武汉还有一位被敌人车裂的烈士刘天元。刘天元，1928年参加革命，为刘邓大军南下大别山的干部，新洲县成立后任县长兼公安局局长，被敌人抓捕后，他宁死不屈，在新洲宋埠被敌人用两辆汽车活活肢解。直到武汉解放之后，都还有被敌特、土匪杀害的烈士，还有在抗美援朝中牺牲的"特级英雄"黄继光虽然不是武汉籍，但"黄继光英雄连"来到了武汉。我们不能忘记这些为革命而作出牺牲的烈士。

林祥谦　　　　施　洋　　　　向警予　　　　夏明翰

到了和平建设时期，不光有艰苦奋斗，也会有牺牲流血。1949年5月至1985年12月，为抢救人民生命财产、保护国家及集体财产、维护社会治安而牺牲的人物就有40多人。如李少亭，1955年12月因轮船触礁为抢救人民生命财产牺牲；龚顺，1968年护送外援物资时，在武汉与歹徒搏斗牺牲；雷贤满，1979年7月在武汉因抢救国家财产牺牲。在20世纪70年代末到80年代

的对越自卫反击战中，当时我所在的部队就上了前线，我的很多战友都牺牲了。2012年，新洲区委、区人民政府在阳逻万福净土陵园建立烈士纪念碑，有21位参加对越自卫反击战牺牲的英烈就埋葬在这个陵园里面。

武汉拥有165条河流、166个湖泊。特殊的自然环境，使武汉产生了很多水上英雄、水中英雄。很多人为了抗洪、抢救落水者、抢救落水财物而牺牲。根据《武汉市一九五四年防汛文献汇编》记载，1954年武汉防汛抗洪牺牲了89人。还有在水中牺牲的英雄，如周康福，1962年8月在汉口为抢救两名落水群众牺牲；罗明普，1964年6月在武昌江边为救落水儿童牺牲；白启清，1968年5月在武汉市东西湖因抢救落水战友牺牲。

（四）先声英雄

武汉的先声英雄有查全性、陶德麟、郑举选、威尔纳·格里希等。查全性是倡导恢复高考第一人，他的一番慷慨陈词，让邓小平提前一年即从1977年开始恢复高考，几十万青年的命运从此改变。陶德麟，曾任武汉大学校长，1978年参加真理标准问题大讨论，2020年，教育部追授他"全国优秀教师"荣誉称号。郑举选，1979年，在他的带动下，汉正街小商品市场拉开了全国商品流通体制改革大幕，他本人也成为风云一时的全国个体工商户传奇性代表、汉正街市场发展的里程碑式人物。2018年，党中央、国务院授予郑举选"改革先锋"称号。格里希，是我国改革开放的第一位"洋厂长"，这也体现出武汉"敢为人先"的改革魄力。2018年，党中央、国务院授予格里希"中国改革友谊奖章"。

查全性

1984年,威尔纳·格里希受聘担任武汉柴油机厂厂长。图为格里希(右)在车间检查产品质量

(五)百姓英雄

毛泽东曾说过,群众是真正的英雄。每一个人的身上都有英雄的因子、英雄的情结。那个年代的普通人,每天勤勤恳恳工作,为了国家的建设、社会的发展付出了很多。比如,我的父亲在支援徐家河水库建设时,每个星期只能回家一次,每次回家待不了多久又工作去了。当时,汉口有很多人在武钢上班,有些人早上四点就要起床赶第一班车从古田附近到粤汉码头,然后从粤

汉码头坐轮船到红钢城的蒋家墩码头,然后还要再坐通勤车才能到单位,这样就用去了两三个小时,下班回家又要重复一遍。每天上班在路上花的时间就要五六个小时,但是那时候的人都很乐观,很少怨天尤人。这就是一种平凡人的默默奉献。我的一些亲身经历也可以印证这一点。在我上小学的时候,学校曾组织我们学生捡猪粪作为肥料免费送到生产队。1965年,武汉因下大雪而导致蔬菜供应不上,学校组织我们学生去张公堤、王家墩机场挖野菜后送到菜场,帮助解决市民吃菜难问题,虽然可能也没有起到很大的作用,但这也反映出那个时候学生的奉献精神。所以说人人都是英雄,无论是工人、农民,或是学生、普通百姓,都可以扮演英雄的角色。

三、英雄武汉与武汉城市精神

2021年,武汉市第十四次党代会提出,要奋力打造新时代英雄城市,再次激发了武汉人民的奋斗热情。在此之前,"敢为人先,追求卓越"的武汉精神于2011年被首次写进武汉市党代会报告。武汉精神和英雄武汉汇聚在一起,展现出具有鲜明特色的武汉城市精神和城市价值。这一精神价值在不同的历史时期具有不同的表现特征,而社会主义建设时期的英雄武汉,是武汉城市英雄史上的一个重要阶段。从英模成长史来说,这一阶段是从战斗英雄向劳动模范转变的重要阶段,也是从物质文明向精神文明提升的重要阶段。从英模精神史来说,这一阶段是从革命精神到建设精神,从建设精神到道德模范精神、改革开放精神发展的重要阶段,进而对改革开放新时期和中国特色社会主义新时代产生重要影响。

劳动模范是英模精神的实践者和推动者,劳动模范的意义不仅仅体现在劳动方面，更体现出建设祖国的共同价值追求。社会主义建设时期的英雄武汉，继承了战争年代的战斗精神和革命精神，在那个自强不息、艰苦奋斗的火热年代里，形成了包括抗洪精神、建桥精神、钢铁精神、电力精神、造船精神、石化精神、制造业精神、农垦精神等在内的武汉精神谱系。

虽然大家的岗位各不相同，但拥有建设社会主义新中国的共同心愿。劳动模范们的工作岗位虽然各不相同，但是拥有要把平凡工作做到极致的共同特征，他们体现出追求卓越的劳模精神、吃苦耐劳的劳动精神和精益求精的工匠精神高度统一，他们在工作效率、工作质量、工作技术方面创造了新的历史。

英雄模范像空气一样存在于我们身边，但有些英雄注定只能隐姓埋名。很多隐蔽战线上的英雄，比如"两弹一星功勋奖章"获得者、中国核科学事业的主要开拓者之一朱光亚，"共和国勋章"获得者、核动力潜艇专家黄旭华，如空气一般让人们感受不到他们的存在。这是一种隐姓埋名的奉献精神。

英雄辈出的英雄城市，必须要有海纳百川的开放精神。武汉的英雄，既有本土的，也有外来的，他们共同为英雄武汉作出贡献。英雄城市更要有国际视野。1951年武汉市第一届劳模代表大会召开，受表彰的代表当中有两位日本籍的劳模，一位是在第四野战军卫生材料厂工作的原田和彦，另一位是在原汉阳医院（现武汉市第五医院）负责接生的寺师金子。这体现出英雄城市的博大胸怀。此外，英雄城市的开放精神不仅体现在吸引各地人才建设武汉，还体现在武汉人才积极走出去援助其他地方的建设和发展。

英雄模范人物是最美劳动者，更是国家精英、民族英雄。回望那个年代，有很多闪闪发光的名字浮现在我们的脑海当中，比

如黄继光、邱少云、雷锋、孟泰、王进喜、向秀丽等，其中也包括武汉的马学礼、朱伯儒、龙蓉芳、吕锡三等。出于对英模的崇拜，我们身边涌现出了很多平凡英雄。崇拜英模，就是要像江汉朝宗那样，学习英模们用劳动创造价值、用实干成就事业的精神。

四、英雄武汉与武汉英雄的新征程

习近平总书记在党的二十大报告中强调指出："统筹推动文明培育、文明实践、文明创建，推进城乡精神文明建设融合发展，在全社会弘扬劳动精神、奋斗精神、奉献精神、创造精神、勤俭节约精神，培育时代新风新貌"，"发挥党和国家功勋荣誉表彰的精神引领、典型示范作用，推动全社会见贤思齐、崇尚英雄、争做先锋"。武汉市第十四次党代会吹响了奋力打造新时代英雄城市、全面开启武汉社会主义现代化建设新征程的号角。从疫情中浴火重生的英雄城市，必将在高质量发展、现代化建设的新征程中创造新的英雄业绩。

武汉是一个英雄辈出、特质突出的全能型英雄城市，每个时期都有自己的英雄贡献。在增产节约运动当中，武汉涌现出中华人民共和国成立后的第一代劳动模范；在抗美援朝时期，孕育出黄继光英雄连、上甘岭特功八连；在抗击自然灾害、保卫建设成果的过程中，武汉人民用血肉铸就出永远的丰碑；在发明创造、技术革新方面，武汉有刘道成、范忠志那样的工业模范。社会主义建设时期的英雄武汉，为其走向改革开放新时期，为其奋力打造新时代英雄城市，奠定了强大的物质基础，提供了强大的精神力量。英雄是城市的宝贵财富，建议我们的史志、文化部门写英模史、撰英模志、立英模传，记录好英雄城市的历史。

（2022年11月21日）

1938：英雄城市——武汉

　　李明强，中南财经政法大学公共管理学院副院长、教授，湖北行政管理学会常务理事、湖北省公共管理研究会常务理事。主要研究方向为地方政府理论与实践、公共行政理论。主要著作有《地方政府治理新论》《海峡两岸关系史》《辛亥革命与中国政治发展》《国共人物血缘情》等，在《中国行政管理》《财政研究》等国内公开刊物上发表学术论文二十余篇，主编、参编教材4部，主持和参与各类课题十余项。

扫码观看视频

今天讲座的主题是"1938：英雄城市——武汉"，我主要从战时首都、"七七献金"、武汉空战、工厂内迁这四个方面来说明1938年武汉这座英雄城市在全民族抗战过程中的地位、作用和影响。

1937年南京沦陷后，武汉成为一座指引中华民族团结抗日的灯塔，成为事实上的"战时首都"、全民族抗战的指挥中心、第二次国共合作的政治舞台以及内迁企业运转的枢纽，成为中国的政治、经济、文化中心。

一、战时首都——全民抗战的中心

1938年武汉会战期间，湖北省航业局团风码头外墙"保卫大武汉"的宣传标语，反映当时中国保卫武汉的决心

1938年的武汉抗战或称武汉会战，实际上真正在武汉展开的战斗很少。武汉的地理位置非常特殊，其周边没有战略要地，武汉会战主要是以武汉为指挥中心。武汉会战主要有三条战线：

长江北岸战线、长江南岸战线、大别山淮河战线。1938年10月中旬,日军攻占信阳、商城、麻城等地,武汉外围的军事状态日趋紧张,南北两路日军陆续接近武汉。10月25日,中国军队撤离武汉,汉口沦陷。26日,武昌沦陷。27日,汉阳沦陷。2004年,武汉将每年的10月25日定为"武汉沦陷纪念日",纪念日当天,武汉市上空响起的防空警报,提醒市民勿忘国耻。

1938年武汉会战期间,国民革命军用机枪扫射日军

1937年11月20日,南京国民政府发表迁渝宣言。在此前后,国民党的党、政、军主要机关纷纷向武汉转移,国民党中央宣传部和国民政府外交部、内政部、邮政储蓄总局等部门,国民政府战时最高统帅部即军事委员会及其所辖部、会、厅、司、处室各机关以及一些军校均移驻武汉,国民党中央党部和行政院、司法院、监察院、教育部、卫生部等院部均在武汉设立办事处。英、美、法、意、比、瑞典和苏联等国外交使节移驻武汉。国民党的党、政、军、财、文等方面首脑要员蒋介石、汪精卫、孔祥

熙、冯玉祥、于右任、居正、张群、何应钦、陈诚、白崇禧、邵力子、陈立夫等，中共中央代表团和中共中央长江局的主要领导人周恩来、项英、王明、秦邦宪、叶剑英、董必武、林伯渠等，一时齐聚江城。

　　武汉成为国民政府名副其实的"战时首都"，此时的武汉充分发挥了全国抗战的中枢神经作用。武汉指挥着全国正面战场的作战，国共双方以团结抗战为总目标，进行了广泛的协商和合作。国民党采纳了中国共产党的意见，进行了必要的政治和军事改革，并在诸多重大问题上进行谈判并达成共识。抗日民族统一战线在这一时期得到深入发展，为全国持久抗战奠定了政治基础。

中共中央长江局领导人与新四军负责人在八路军武汉办事处合影（右起分别是项英、曾山、周恩来、秦邦宪、王明、叶剑英、张云逸）

武汉作为国共合作的重要舞台,在全民族抗日救亡运动中发挥了重要作用。中国共产党在武汉充分发挥抗日民族统一战线中的政治领导作用,坚决同国民党及其政府、军队内的失败主义、投降主义倾向作斗争,团结抗战进步力量,支持国民党的一切抗战活动。1938年3月29日至4月1日,国民党临时全国代表大会在武汉召开,大会通过了《中国国民党抗战建国纲领》,其主要内容与中国共产党的《抗日救国十大纲领》基本一致,构成了国共合作的政治基础。1938年7月,具有参政议政性质的首届国民参政会在武汉召开,在一定程度上实现了国共两党以及其他党派政治上的合作,对发扬抗日民主、推动全民族抗战起到了积极作用。

1938年,第一届国民参政会部分参政员合影

在政治中心西移武汉的同时,国民政府的中央、中国、交通、农民四大银行也从上海迁至武汉。华北及东南的大批工厂、企业都跟着内迁,仅上海、河南、山东等地向武汉迁移的工厂就

有170多家，武汉三镇的工厂总数在短时间内激增至近700家。这时的武汉成为国内工业门类最为齐全的大都市和全国最大的经济中心，为全国抗日战争提供了经济支持。

此外，大批文艺界人士、新闻工作者和流亡学生也来到武汉。在中国共产党的积极参与、组织和发动下，社会各界人士都被动员起来，他们通过各种手段进行抗日救亡宣传，激发民众同仇敌忾、共赴国难的爱国之心，掀起以武汉为中心向全国辐射的轰轰烈烈的抗日救亡运动。在这个过程中，先后有一百多种抗日期刊、几十种报纸、几百种图书在武汉出版发行，使武汉成为全国和全世界了解中国抗战的窗口。在中国共产党的领导和影响下，文艺界人士成立了众多抗日统一战线组织，并于1938年3月27日成立中华全国文艺界抗敌协会，使原本比较分散的全国文艺界实现空前大团结。据1938年8月的统计，武汉三镇呈请登记的救亡团体超过260个。

武汉文化界人士在八路军武汉办事处院内合影

以武汉为中心的湖北群众救亡运动风起云涌、波澜壮阔,群众动员和参与范围之广、规模之大,史无前例,且向八方辐射,把全国抗日救亡群众运动高潮推向顶点。其深度和广度,在整个抗日战争时期也极为少见,构成这一时期中国人民抗战的重要内容和主要特征。

1938年4月,武汉抗战歌曲演出现场

1937年底至1938年10月,学术界称之为"武汉抗战"时期。叶剑英在《目前战局与保卫武汉》中指出,武汉"处天下之中,依今天的形势看来,隐然亦俨然的为中华民族精神所寄托"。周恩来在《辛亥、北伐与抗战》中谈到,"武汉是中华民国的诞生地,是大革命北伐时代的最高峰,现在又是全中华民族抗战的中心"。作为"战时首都"的武汉,体现出国家和民族危亡之际,全国人民同心同德、抵抗外敌的坚定决心。而这也是武汉打造新时代英雄城市的历史底色和精神支撑。

二、"七七献金"——众志成城的体现

在武汉抗战过程中,"七七献金"运动最能体现一般民众对于国家的认同、对于抗战的支持。国民政府因上海、浙江、江苏、山东等大片国土沦陷而导致财政收入骤减,难以保障军队继续进行抗日战争。为了更广泛地发动民众,唤起全民族抗击日本帝国主义侵略的意志和决心,切实支援抗战前线,在1938年"七七事变"爆发一周年之际,时任国民政府军事委员会政治部副部长的周恩来和政治部第三厅厅长郭沫若组织一场大规模的纪念活动,将募捐献金作为主要内容。"到献金台去!"成为当时各大报纸的醒目标题。而武汉的"七七献金"运动,无论从规模还是从效果上看,在全国都是最具影响力的。

1938年7月7日,献金运动第一天,武昌司门口、汉口三民路孙中山铜像前、汉口世界影剧院门口等6座献金台隆重揭幕,各献金台人潮汹涌。周恩来等中国共产党人不仅是这次献金运动的发起者和领导者,也是积极参加者。周恩来、王明、博古、董必武等组成的"中国共产党献金团"尤其引人注目。其中,周恩来献出自己担任国民政府军事委员会政治部副部长的240元月薪。董必武、邓颖超、吴玉章、林伯渠、博古与王明将他们担任国民参政员的2100元薪金全部献出。毛泽东电报委托他人,将其担任国民参政员的350元薪金全部捐献。同时,中国共产党人还捐献党费1000元。李克农代表八路军将士,捐献了从伙食费中节约下来的1000元。叶剑英和八路军武汉办事处的工作人员,各捐献当月薪金5元。

中国共产党献金团

国民党党政军大员、国民参政员和中间党派及无党派人士也踊跃献金。蒋介石、宋美龄献金1.9万余元,国民政府主席林森捐出金鼎1座、金戒指4枚,行政院长孔祥熙捐献1.2万元。

普通民众的爱国献金举动更令人动容。两位断了腿的辛亥革命老兵挂着木棍爬上献金台,捐献两块大洋,用于购买子弹,抗战杀敌。电影《热血忠魂》的女演员黎莉莉献出了自己的结婚戒指。几个工人把自己的血汗钱捐到献金箱里,一个要饭的哑巴捐献了12个铁环和2分钱,武昌乞丐教养所的全体乞丐献出了一天40元的伙食费。一位从华北沦陷区逃出的难民同胞,一天竟来了三次。第三次献金之后,他对台下的民众说道:"我是从河北逃出来的,我全家都被鬼子杀了。国亡之后,连命都保不住,要钱有什么用……"

1938年,武汉儿童在街头募捐

1938年,一位普通民众在献金台前献金

献金运动原定进行3天,可到了7月9日晚,献金台前依然人声鼎沸,前来献金的群众络绎不绝。面对如此火热的爱国场景,活动又延长了两天时间,并增设流动献金台十余座。5天时间,参加献金者达百万人,献金总额达百万元以上。这次献金运

1938 年 7 月，武汉献金运动场景

动，展现出中华民族的巨大凝聚力，有效激发了全国人民的抗战热情，也是对前线战士的极大鼓舞。

1938 年，武汉人民广泛参与到献金运动中来，在国家危难、民族危亡时刻表现出强烈的主人翁意识、无私的奉献精神，为保卫武汉、扭转抗日战争的不利局面作出了重要贡献。在近代中国的每一个重要历史转折口，总能见到武汉这座城市伟岸挺拔的身影。其背后所蕴含的是武汉不怕牺牲、敢于斗争的英雄主义，敢为人先、勇于开拓的创新精神。

三、武汉空战——血洒长空铸英魂

在武汉抗战过程中，武汉空战强烈体现了中国军人热血报国的壮志情怀。武汉会战从 1938 年 6 月开始，武汉空战比武汉会战的时间要早一些，从 2 月开始。在武汉会战之前，为打击武汉经济设施和军事工业，削弱中国军民的抗战士气，为后续的武汉会战铺路，日军发动了武汉空战。中国空军奋起反击，由此爆发了三次规模较大的空战战役。

1938年，日本战机轰炸汉口王家墩机场

1938年，被日军轰炸的汉口

年仅22岁为国捐躯的陈怀民烈士

  第一次武汉空战发生在1938年2月18日，中国空军在苏联空军志愿队的配合下，12分钟击落日机12架，中国飞机损失5架，李桂丹、吕基淳、巴清正、王怡、李鹏翔5名飞行员壮烈牺牲。

1938年2月，武汉市民欢庆"二一八"空战大捷

第二次武汉空战发生在4月29日，这一天是日本的天长节，即昭和天皇的生日。日军为报复中国空军，给天皇祝寿，决定于当天空袭武汉。但是在4月20日的时候，1架日本双座侦察机在湖北孝感上空侦察时被击落，中国军队从死去的日军飞行员身上搜到的笔记本中，已提前获知了这一重要情报。驻扎在武汉的中国空军和苏联志愿空军为迷惑日军，于4月28日傍晚，故意将全部飞机起飞，飞往南昌方向。日本在汉口的密探，立即送出"大批飞机撤离"的情报。一个小时之后，飞行员们掉转机头，趁着昏暗的暮色，悄悄返回了汉口机场。日军于4月29日下午2点多，按预定计划出动36架轰炸机、12架战斗机，对武汉发起了空袭。中国空军与苏联志愿空军早有准备，分别出动19架、45架战斗机，迅速占据有利位置，迎击日军。此次空战共击落日机21架，取得辉煌胜利。

空军飞行员的选拔要求很高,普通民众难以企及,所以当时的中国空军基本是由富二代、官二代组成,他们的身体素质较好,又普遍接受过良好教育,这当中的很多人,本可以过上一辈子衣食无忧的生活,却为了国家和民族,在二十多岁的时候就牺牲了。

在这场空战中,22岁的陈怀民,首先咬住一架敌机,凭借出色的空战技术,率先击落一架日机。随后,陈怀民被五架敌机包围,由于寡不敌众,很快他的战机多处中弹,油箱着火,冒出浓烟,难以操纵,他自己也身受重伤。在千钧一发之际,陈怀民本可以跳伞求生,但他看到敌机逞凶之时,不禁怒火中烧,猛的将飞机向上翻转180度,撞向日军王牌飞行员高桥宪一的飞机,与之同归于尽,以身殉国。

23岁的吴鼎臣担任副大队长刘宗武的僚机,被三架敌机围困。战斗中一架敌机的一排子弹把他背后的钢椅背打得叮当响,随后另一架敌机又击中了吴鼎臣座机的油箱。飞机顿时燃起大火,飞机向前飞,火向后面烧,吴鼎臣的头部、颈部被烧伤。危急关头,吴鼎臣用左手解开安全带,右手猛推驾驶杆,利用飞机下坠瞬间的离心力,将自己甩出了座舱。为了避免敌机的空中扫射,在离地面约1000米时,吴鼎臣才将降落伞拉开。尽管这样,吴鼎臣还是受伤了,他右脚的皮鞋被子弹打穿了两个洞,一颗燃烧弹打穿了他的飞行服,手也被烧得起了泡。最后,吴鼎臣降落在武昌南湖机场附近的水稻田里。当地百姓在确认他是中国空军飞行员后,立即将他送入武汉万国医院进行救治。在住院治疗期间,社会各界人士纷纷来医院探望和慰问。周恩来代表中国共产党、八路军武汉办事处对吴鼎臣表示慰问,鼓励他好好养伤,伤愈后重返蓝天与敌机搏杀。

武汉民众在以往的空袭中,基本都是藏身掩体,保持静默。这一次空战,中国空军占据上风,不断有日军飞机被击中,武汉民众大受鼓舞,纷纷涌上街头,欢呼雀跃。甚至有人带头唱起了《青年航空员之歌》。

据时任中国空军顾问陈纳德统计,此次空战半个小时,中国击毁日军飞机21架,中苏空军损失7架。战后,《武汉日报》《新华日报》纷纷发表文章,发布"四二九"大捷消息,表达对航空英烈的敬意。叶剑英《反攻》这篇文章中称赞中国空军"作战英勇,动作协调,牺牲壮烈,胜利伟大,与八路军在阳明堡夜袭敌人的机场,毁灭敌机22架的奇勋,遥相辉映,值得全国人民敬仰学习"。中共中央长江局董必武、邓颖超代表中共中央和西北各界妇女救国联合会慰问了中苏空军,并献上"百战百胜"的锦旗。

第三次武汉空战发生在5月31日,在遭遇"四二九"空战惨败之后,日军出动18架轰炸机、36架驱逐机再次空袭武汉。中国空军和苏联空军志愿队立即升空隐蔽,伺机作战。当日机进入武汉地区时,中苏空军采用合围的办法,对日机进行猛烈攻击。日军且战且退,落荒而逃,被迫撤出武汉。经过激战,中苏空军击落日军飞机14架,中国方面只损失飞机2架。

这一时期,除了武汉本土的空战,中国空军还进行了远征。"二一八"空战后三天,中国空军于凌晨7时起飞,突然出现在被日军占领的台北上空。日军措手不及,停泊在机场上的30多架飞机全部被炸毁，当日军缓过神来，中国空军已绕域一周，安然返回基地。这是武汉抗战时期，中国空军远征的首次大捷。

为打击敌人的气焰，振奋士气，经过周密准备，5月19日，中国空军的两架飞机远征日本。下午3点多，空军第十四中队中队长徐焕升、第十九中队副队长佟彦博各带队驾驶一架飞机，从汉口机场起飞。下午5点，两机降落宁波进行加油，于当晚11点多再次起飞。5月19日凌晨，两架飞机在九州岛、长崎、福冈、久留米、佐贺等城市散发两百万份《告日本国民书》后胜利返航。

其实在日本发动全面侵华战争时，中国空军只有200多架飞机。而日本已建成了一支世界一流空军，拥有将近2000架飞机。双方的实力相差极为悬殊，所以那时的中国空军是非常不容易、非常英勇的。中国空军的身上充分体现出中国军人热血报国的壮志情怀。

四、工厂内迁——延续抗战的根基

北平、青岛被日军占领后，当地的工业成为日军"以华制华""以战养战"的资本。国民政府退到武汉后，为了避免重蹈覆辙，立即把上海的工厂搬迁到武汉，武汉成为全国的经济中心。由于短时间内找不到适合建厂房仓库的地方，也没有重新启动工厂的资金，武汉、上海的工厂只能继续往大后方撤退，这场战时的经济大转移被西方称为中国的"敦刻尔克大撤退"。与西方不同的是，英法的工业基础不比德国差，他们只要保证40万人撤走就可以了，物资装备可以不要。但中国不光人要撤退，工厂物资装备和学校也要整体迁走。

据统计，武汉抗战期间共迁出工厂 200 多家，工厂内迁涉及到拆迁、搬运、工人转移等各个方面，汽车运力有限，只能依靠长江。当时，上海至武汉段能走 1000—3000 吨级轮船；武汉至宜昌航段能走 500 吨级轮船；宜昌到四川之间则只能走 500 吨级以下的轮船，而且江段滩多水急，航道狭窄，大规模运输难度很大。武汉沦陷后，宜昌有 10 多万吨器械要运走，再加之军械、官兵和成千上万的难民，运输量巨大。发动枣宜会战的一个重要原因就是为了掩护宜昌地区的工业进一步西迁。

民众齐心协力抢运西迁厂矿企业的机器和物资

这场耗时费力的大转移作用巨大，它一定程度上改变了我国工业的畸形布局。以前只有沿海大城市和个别内陆城市才有现代化工业、学校，武汉抗战使得这些工业物资、人才、学校转移到了大后方，成为建设大西南、大西北的后续力量，为持久抗战奠定了经济基础和人才基础。

　　从战时首都、七七献金、武汉空战、工厂内迁这四个方面可以看出，1938年的武汉，是一个当之无愧的英雄城市。1938年历时四个半月的武汉会战，是抗日战争时期中日双方投入兵力最多、战线最长、时间最久、规模最大的一次战役，也是中国军队歼灭日军人数最多的一次战役。此后，中国抗日战争进入战略相持阶段。在武汉抗战过程中，武汉人民空前团结，展现出天下兴亡、匹夫有责的爱国情怀，不畏强暴、血战到底的英雄气概。每一个武汉市民都应该了解这段英雄历史。

中山公园的受降纪念碑

（2022年12月7日）

从城市精神看武汉英雄品格

张笃勤,武汉市社会科学院城市历史与文化研究所原所长、研究员。社会学术兼职有辛亥革命研究会理事、武汉市规划咨询委员会委员、武汉市非物质文化遗产保护中心专家、武汉市地名咨询委员会委员、武汉市社科研究高级职务任职资格评委、武汉职业技术学院武汉文化研究所顾问等10多个。主要研究方向为中国近代史、长江中游历史文化、武汉历史文化与城市文化等,其中对武汉历史文化研究最多。主要著作有《孙中山读书生涯》《孙中山的治学方法》《辛亥革命史事长编》等,与人合著的作品有《近代武汉城市史》《剑胆琴心:长江流域的游侠隐士》《辛亥首义史》等二十余种,发表学术文章180多篇,出版个人署名著作和主编论著10种,独立或主持完成院级以上课题22项,其中国家社科重点资助项目1项,国家出版基金资助项目3项。

扫码观看视频

我今天讲座的内容主要包括三个方面：一是武汉城市精神的简要解读；二是武汉城市精神的英雄品格；三是武汉英雄品质的来源分析。

2020年初，新冠疫情突袭了武汉。危急时刻，为了防止疫情外溢，武汉采取壮士断腕的方式，以一城之力保一国平安。在党中央的坚强领导下，在全国人民的大力支持下，武汉上下一心，经过76天艰苦奋战，取得了武汉抗疫的决定性胜利。在这一场没有硝烟的武汉保卫战中，武汉城市和武汉人民再次表现出了英勇顽强的英雄气概，赢得了全国人民的敬佩赞叹。习近平总书记说："武汉不愧为英雄的城市，武汉人民不愧为英雄的人民。"今天我们就从武汉城市精神角度讲讲武汉英雄品格的表现及来源。

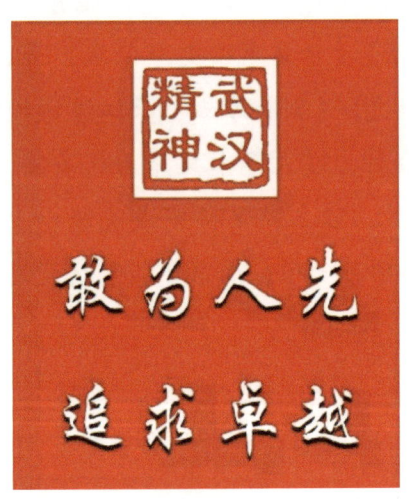

武汉精神：敢为人先　追求卓越

一、武汉城市精神的简要解读

城市精神是城市表现出的精神品格，也是市民共同的价值

观。当代理想的城市精神，应该是传统性与现代性的有机融合。没有传统性，城市精神就缺少历史根据和文化底蕴；不具现代性，城市精神就丧失了现实社会基础和未来发展方向。因此，提炼概括城市精神，要遵循植根历史、反映现实、引领未来的原则，除了对城市历史、现状的总结，还应考虑对城市未来发展和市民精神引导的需要。前者要求根据历史事实进行归纳提炼，弄清业已形成的城市精神究竟是什么，有哪些优长；后者则要求从城市未来发展的需要着眼，看既有城市精神还有哪些方面应当增补、强调。

武汉城市精神曾经有两个版本：2006年武汉市第十一次党代会提出过一个16字版本："勇立潮头，敢为人先，崇尚文明，兼收并蓄"。这项工作从2003年开始，当时我本人也参与其中，先后到上海、深圳进行考察学习，后来经过热烈的讨论，总结出这16个字。后来又提出来8字版本："敢为人先，追求卓越"，是对前一版本文字的精简和内容的补充，于2011年武汉市第十二次党代会报告中正式提出。在讨论城市精神的过程中也有一些说法，比如有人提出：长沙城市精神就是敢为人先，上海的城市精神里也有追求卓越，这两句话都被别人用过，武汉再用好不好？这实际上是怎么理解的问题。我认为武汉城市的个性并不是唯一性，并不是别人提过，武汉市就不能提了。比如我形容一个朋友的性格特点，可以说他性格比较开朗、待人比较热忱。那并不会因为这样的性格在其他人身上也有，就不能再用来形容这个人了。武汉城市精神也是如此。还有人认为，这样提炼的武汉城市精神，是不是对武汉城市个性概括不明显？我觉得只要这个提

炼对武汉和武汉历史概括比较准确，得到城市市民认可，就可以。"敢为人先，追求卓越"从字面上看，就是敢于做别人没做过、不敢做的事情，努力达到高超出群的结果。在事业上就是勇于争先，开拓进取，力争上游，出类拔萃。"敢为人先，追求卓越"既是对武汉城市历史文化特质的提炼概括，也表达了武汉在城市未来发展中的向往和追求，必将对增强武汉城市综合实力、彰显武汉城市个性魅力、提高武汉城市竞争力等方面，发挥潜在持久的精神引领作用。

二、武汉城市精神的英雄品格

所谓的英雄，就是在生死关头大义凛然、挺身而出，在艰难困苦面前勇担大任、不屈不挠。"敢为人先，追求卓越"的武汉城市精神里，就包含了武汉英雄城市品格。

古代湖北先民就具有敢于争先、勇于创新的性格特征。楚国先民发源于丹江下游地区，在石家河下游壮大起来，并以此为基点向今天的湖北东部扩展。早期时，楚国先民作为南蛮，被中原各国瞧不起。他们在艰难困苦的环境中形成了刚劲强悍、英勇尚武的性格和自强不息、开拓进取的精神，并凭着这种精神自立自强，"筚路蓝缕，以启山林"，不断开拓疆土，终于饮马黄河，问鼎中原，将蕞尔小邦发展壮大成为方圆五千里的泱泱楚国。从长江中下游一直到河南的东部、山东的南部一带都是楚国的地域。楚庄王位列"春秋五霸"，楚国成为"战国七雄"之一。作为楚国和楚文化的核心区域之一，武汉继承发扬了楚国先民及楚文化开拓进取、敢为人先的精神，经过无数次的战火淬炼和洪涝灾害的磨难，养成了这座城市和人民英勇顽强、屡仆屡起的性格。特别是近代以来，武汉在一系列影响中国命运前途的重大事件中，挺身而出，勇担大任，彰显了武汉城市和武汉人民的英雄品格。

1911年爆发的武昌起义，让武汉独享辛亥首义之城的荣光，也大大提升了武汉在近代中国的政治地位与社会影响。从此以后，武汉由原来的华中区域政治、文化中心，发展成为与北京、上海相提并论的全国性重要城市，产生了在近代中国对武汉历史影响非常重大的一系列事件。1920年8月，由昔日辛亥革命党人与新式青年知识分子共同组建的武汉共产主义小组宣告成立，它作为中国共产党国内的六个早期组织之一，在武汉播下了照亮荆楚大地的革命火种，对1921年7月中国共产党在上海的正式成立发挥了重要作用。1923年2月初，年轻的中国共产党组织领导了震惊中外的京汉铁路工人大罢工，为争取工人阶级的基本权益而斗争，武汉成为罢工策源地之一和总罢工指挥中心。1926年10月，国共两党领导的国民革命军北伐攻克武昌，此后，国民政府由广州迁至汉口，武汉成为中国大革命的中心，被称为"赤都"，即红色首都。1927年4月27日至5月9日，中共第五次全国代表大会在武汉召开，大会第一次选举产生了中央监察委员会，成为中国共产党党史上重要的一页。同年7月大革命失败后，中国共产党在汉口召开八七会议，确定了实行土地革命和武装反抗国民党反动派的总方针，为挽救危机中的中国共产党和中国革命事业作出了巨大贡献。

抗日战争期间，武汉一度成为领导全国抗战的大本营，称为武汉抗战时期，即1937年12月到1938年10月。武汉抗战时期成为中国抗战历史上一段举足轻重的岁月。中华人民共和国成立

后，武汉一度是中央直辖市和中南军政委员会驻地，是中南地区的政治、军事中心。"一五"期间国家把投资重点放到武汉，我们大家耳熟能详的"武字头"企业，像武汉钢铁公司、武汉锅炉厂、武汉重型机床厂等，就是"一五"期间投资的重大项目。武汉成为国家重点投资的华中工业重镇，被看作共和国工业的脊梁。改革开放初期，武汉被列为全国城市综合改革试点城市，这里诞生了"天下第一街"汉正街小商品市场，第一位洋厂长格里希，第一支异地上市商业企业股票……创下了许多个改革的全国第一，展现了武汉敢为人先、勇于创新的精神。另外，1954年和1998年两次战胜长江流域百年罕见的特大洪水。1998年，武汉市防汛形势非常严峻，十几万人在前线抗洪。国家主席江泽民、总理朱镕基、全国防汛总指挥温家宝，都到武汉看望大家、鼓励大家，指导抗洪。以及2020年抗击新冠病毒肺炎疫情，上上下下、团结一心共同战胜病魔，都表现了武汉城市和武汉人民不惧艰险、英勇顽强的一面。

以上从辛亥革命到21世纪期间对武汉英雄城市品格的发展进行了简单概括。1911年爆发的辛亥武昌首义和1938年进行的武汉保卫战，是武汉乃至中国近代历史上两大重要历史事件。前者是资产阶级推翻清王朝、建立民主共和制度的一场政治革命，后者是中华民族抵御日本入侵捍卫国家独立、主权领土完整的民族自卫战争。下面我们以这两大重要历史事件为例，讲述武汉英雄城市的品格和对中国历史的重大贡献。

(一) 武昌首义

如果说辛亥革命是中国近代第一次真正意义上的政治革命，

推翻了统治中国260多年的清王朝，结束了中国延续两千年的封建帝制，创建了以民主、共和为旗帜的中华民国，使中国由此跨入现代政治文明的门槛，为中国先进分子探索救国救民的道路打开了新视野，为尔后中国共产党的成立创造了有利条件，在近代中国历史上具有除旧布新的重大意义。那么，辛亥武昌首义则在这场伟大革命中打响了第一枪，宣告了清王朝在华中地区政治、军事统治的土崩瓦解，引发了全国范围的反清风暴，为彻底倾覆清王朝统治建立了头功；创建了第一个省级共和政权湖北军政府，颁布了《鄂州约法》，将中国同盟会革命方略付诸实践，为孙中山领导的南京临时政府成立及其《南京临时约法》的公布作了预演。在阳夏战争中，革命军与清廷精锐之师血战40多天，以牺牲万人的巨大代价，保卫了起义胜利果实，为各省独立反正赢得信心和时间，武汉因此被称为辛亥首义之城。

为什么说辛亥武昌首义是中国近代史上第一次真正意义上的政治革命？过去的农民起义、农民革命战争都不是真正的革命，因为真正意义上的革命要求政治制度的根本性变革。历史上的农民起义只是一种反抗封建压迫、求生存的斗争。农民的阶级地位和当时条件决定了他们不可能提出新的政治纲领，不可能改变封建王朝既有的政治制度。过去的农民革命、农民起义，基本上只有两种结局：一种是好的结局，像明朝开国皇帝朱元璋，取得胜利并建立了一个新的王朝，改朝换姓。这就是简单的政权更替，政治制度没有什么变化。更多的是第二种，即被统治阶级镇压。农民阶级的反抗运动，只是农民群众为了自己的生存不屈不挠的顽强斗争。所以说，辛亥革命才第一次真正称得上政治革命。

在1911年武昌首义之前,孙中山领导的革命党人已经进行了十几年的革命斗争。1894年孙中山在檀香山(今夏威夷)建立了兴中会,政治宗旨是驱除鞑虏、恢复中华、创建合众政府。将矛头对准清王朝,推翻清王朝的政治意味非常明确。1895年10月,孙中山策划第一次广州起义,还没正式发动就因消息泄露而失败。从此一直到1911年的黄花岗起义,孙中山领导的革命党人在十余年的革命斗争中已先后发动了十次武装起义,还不包括如徐锡麟、秋瑾等革命党人组织的暗杀活动。武昌起义之前已经爆发了黄花岗起义,由于黄花岗起义失败,同盟会才把革命重点放到武汉。有人质疑,黄花岗起义发生在武昌起义之前,为什么说武昌起义打响第一枪,称为武昌首义?因为在此之前的十多次武装起义最后的结果都是被镇压,真正推翻清王朝、引发全国反清浪潮的是武昌起义。而且武昌首义的提法也不是我们现在学术界提出的,是当时革命领袖孙中山提出来的。孙中山先生1912年4月到武汉来的几天里多次提到武昌首义。

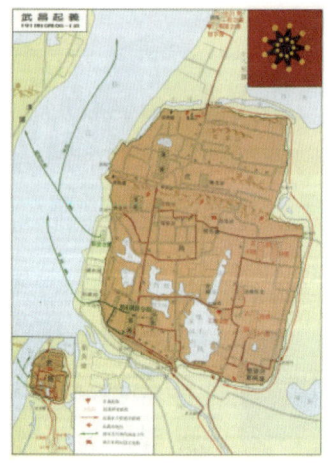

1911年10月,武昌起义形势图

1911年10月，汉阳、汉口起义示意图

成立初期的湖北军政府

辛亥武昌首义纪念馆

辛亥革命为什么没能首功于孙中山长期苦心经营的华南地区，没有发难于革命党人往来出没的据点上海，也没有产生在保路运动如火如荼的四川成都，却爆发在孙中山等革命党人不曾预料的武汉，被称为一种"历史的奇迹"。其中有许多原因，比如武汉的地理环境，武汉拥有如汉阳兵工厂等一批现代工业等，还有一个重要的原因是，湖北革命党人勇于埋头苦干的品格以及勇当大任、豪迈果敢的胆魄。

在辛亥革命前，孙中山长期将起义重点放在华南地区，由他策划资助的十次武装起义，包括广州起义、惠州起义、黄冈起义、七女湖起义、镇南关起义、钦廉防城起义、河口起义、广州新军起义以及黄花岗起义，全部发生在两广或云南边陲。孙中山在这些地方发动起义，一是因为这是他的家乡，他结识的人比较多。他从海外募款，海外华侨大部分是两广地区人，捐款华侨都希望能够在家乡发动起义，也能够吸引更多海外华侨对他的支持。而且两广地区靠近港澳，革命党人运输武器相对便利，万一失败也方便逃走。孙中山采用的是军事冒险的办法，他先在海外华侨中募集经费，临时雇佣一些绿林好汉和会党组成基本队伍，这些人缺乏系统的政治军事训练，是散兵游勇。再加上领导队伍里的革命党人都是年轻书生，全靠满腔热情，也没有任何军事经验。这样的人领导乌合之众起义，去和清王朝的正规军打仗，胜算很小。所以十多年来的起义，基本都以失败告终。黄花岗起义时，明明知道消息已经走漏，但是由于华侨的捐款已经花了，只有发动起义才能给华侨一个交代，所以即使没有胜算也要冒险。后来成立了东京共进会、湖北共进会和中部同盟会。湖北的革命

党人从一开始就对在湖北发动起义抱有很大自信,选择了与孙中山军事冒险主义不同的道路。他们在派人联络会党的同时,重点放在秘密深入新军内部,建立革命组织,发展革命力量,利用酒楼、报馆、图书室、照相馆等合法场所秘密开展革命活动,打着补习科学、研究文学的招牌掩护革命组织。武装起义需要现代化的军队,但是自己建立一支军队很困难,湖北革命党人的这种方式,经费不求外援。他们不竞声华,埋头苦干,成其大事。我们仔细分析武昌起义胜利的原因,与湖北革命党人采取的策略密切相关。

  黄花岗起义原来计划与湖北革命党人配合进行,当时湖北的革命党人也已经做好了准备,但是中国同盟会的骨干在黄花岗起义中基本上损失殆尽。在黄花岗起义失败后革命力量元气大伤的当口,湖北革命党人却主动请缨,毅然决定发动武昌起义。武昌起义日期临近,湖北共进会的领导孙武在试制炸药的过程中因发生爆炸受了伤,被送到医院,起义计划泄露。同时,另外一个革命组织文学社社长蒋翊武因此也出逃。在原定起义领导人避匿出走的危急时刻,革命队伍的下层领导人自动承担起整个起义的发动与指挥重任,避免了起义群龙无首、未举先败的悲惨结局。所以湖北革命有一个显著特点是小人物成就大事业。当时起义的领导人级别都很低,知名度不高,但就是这些人把事情做成了。武昌起义前夕,彭楚藩、刘复基、杨洪胜三烈士被捕后临危不惧、慷慨赴死。当时级别最高的革命党人吴兆麟,也就是个军械库队官,仅相当于一个连级干部。起义后大家推举他任临时总指挥,他认为自己的威望不足以担此大任,才大力推荐了黎元洪。武昌起义后，在与清朝精锐之师持续作战长达40多天的阳夏战争中，起义官兵上万人壮烈牺牲，曝尸荒野。现在的球场路2号、利济北路69号以及汉阳扁担山公墓都有辛亥革命烈士陵园，而这些被埋葬的将士仅仅是辛亥革命中牺牲的一小部分。这都体现了湖北革命党人英勇不屈、舍生忘死的英雄气概。

位于武昌彭刘杨路武珞路口的彭楚藩、刘复基、杨洪胜三烈士雕塑

正如早年参加辛亥革命的熊十力所称，同盟会所以收功实于武昌，则以鄂中无数志士，早从军队着手。当时纯为民族、民权二大思想而忘身，命以图实现……鄂人不计死生，而哀号于军队中，使全军皆为革命党，人人置死生于度外。此股雄壮之气，如何可当。辛亥爆发，而瑞澂、张彪不得不逃，亦大势之必然也。这实际上总结了武昌起义能够取得成功，与湖北革命党人置生死于度外的英雄气概密切相关。

位于原武昌造船厂内的彭刘杨三烈士亭

(二) 武汉抗战

武汉历来就是兵家战略要地。抗日战争全面爆发后,日本一直把攻占武汉列为重要战略目标。特别是1937年12月攻陷南京后,日军陆军大本营就将占领武汉看作是"早日结束战争的最大机会"。与此同时,国共两党从抗日御侮、保卫国家领土和主权的需要出发,均对武汉在抗战中的战略地位予以高度评价。当时国民党方面宣称:"今日武汉已成为第三期抗战中最重要的据点,这里是我们雪耻复仇的根据地,也是中华民族复兴的基石。今日全国民众,尤其是在武汉的每个军民,应当激发最大的同仇敌忾心,人人都下誓与武汉共存亡的决心,来守住这个重大的国防的堡垒,必能给予敌人以致命的打击,造成将来决战中极为有利的形势。"中共中央则指出:"要懂得武汉是我国最后一个最大的政治经济中心,武汉的得失,不仅对于整个第三期抗战有极大的影响,而且对于整个内政外交方面均有相当的影响。"于是国共两党共同提出了"保卫大武汉"的口号。近年来,武汉市组织专家学者研究"大武汉",实际上"大武汉"叫得最响亮的应该是国共两党保卫武汉的抗战时期。极其重要的战略地位与敌我双方志在必得的架势,将武汉推到中日恶战的风口浪尖上,注定了武汉为中华民族喋血奋战、忍辱负重的悲壮命运。

1938年,日本飞机空袭汉口后的场景

1. 中国战时首都

南京陷落前夕,1937年11月20日,国民政府宣布迁都重庆。实际上只有国民政府主席林森率领其直属的文官、参军、主计三处人员真正迁往重庆办公。而其他真正有实权的部门、国民政府的主要军政机关——内政部、司法部、监察部、军政部、经济部、交通部、教育部、卫生部、行政院、军事委员会、经济委员会、建设委员会、邮政储金总局以及国民党中央党部等,都迁驻武汉办公。国民党和国民政府的军政要员蒋介石、孔祥熙、冯玉祥、张群、于右任、邵力子、何应钦、陈诚、白崇禧等人先后来到武汉。苏、美、英、法、意、比、瑞典等国驻华使节也随之来到武汉。这些使节在汉,就说明当时武汉被认可为政治中心。武汉被看作中国的战时首都。

刚刚入伍的中国军人在武汉街头高喊抗日口号

2. 抗战指挥中心

武汉会战的战略目标是为了保护武汉,但是不能在武汉城里打,而是在武汉外围的东北部打。国民政府调集 100 多万兵力,有四十余艘舰艇和 200 多架飞机,在鄂、皖、赣、豫、湘 5 省区的广袤土地上,以陆、海、空协同作战方式,进行了四个半月的英勇奋战,取得消灭日军 10 余万、击落日本飞机 100 余架、击沉日军舰艇 40 余艘的重大战果。总的来说,武汉保卫战有力挫伤了日本军力,消灭了一部分有生力量,对后期中国抗战局势产生了非常重要的影响,从原来的战略防御转到战略相持阶段。这一过程中武汉的英雄气概展现在 1938 年"四二九"空战中,武汉籍中国空军少尉飞行员陈怀民,在青山上空只身遭遇 6 架日机围攻,他在自己和飞机受伤后猛撞敌机,与敌同归于尽,表现出有我无敌的英雄气概和男儿血性。

1938年，汉口市民观看武汉空战的场景

3. 中国抗战文化中心

武汉成为全国抗战的政治、军事中心后，在近一年时间里，全国各地特别是华北、华东各地的千余名作家、艺术家及其他文化工作者投奔武汉，开展抗日文化宣传活动。沦陷区一些具有民族气节的知识分子，不愿意在敌伪的统治下苟活，喊出当时非常响亮的一句口号："到武汉去！"许多经历过武汉抗战的老知识分子、文艺家回忆录里，都为自己在武汉的经历感到非常光荣。大批知识分子把外地各种文化社团、出版机构搬迁到武汉的同时，也在武汉组建新的文化社团。1937年底到1938年上半年，先后在武汉宣告成立的文化艺术社团，除了武汉文化界抗敌协会，以及由外地来汉文化人组织的七月社、时调社、新南剧社、铁马剧社、铁血剧社等20多个小团体外，仅全国性文化协会，就有中华全国戏剧界抗敌协会、中华全国电影界抗敌协会、中华全国歌咏协会、中华全国美术界抗敌协会、中华全国漫画界抗敌协会、中华全国木刻界抗敌协会、中华全国摄影协会等。尤其是

1938年3月27日在汉口成立的中华全国文艺界抗敌协会,有许多名人参加,阵容强大,影响深远。其活动场所位于现在的中山大道489号,是武汉市工商业联合会的办公地,作为革命旧址被保留了下来。

1938年3月27日,中华全国文艺界抗敌协会成立大会合影

中华全国文艺界抗敌协会旧址

中国工业合作社合唱团歌唱抗日歌曲

4. 第二次国共合作的政治舞台

当时武汉是国共合作的一个舞台。真正的抗日民族统一战线是从1937年12月中共中央代表团到达武汉后开始的。1937年12月18日，中共中央代表团由延安抵达武汉，对内称中共中央长江局。周恩来代表中共中央与国民党最高当局保持着密切的联系，并应邀担任国民政府军事委员会政治部副部长，使第二次国共合作具体化，加强了国共两党的联系和团结，武汉抗战时期成为国共两党关系最好的时期。1938年4月，由郭沫若任厅长的国民政府军事委员会政治部第三厅成立，受周恩来直接领导，以共产党员和进步人士为骨干，成为中国共产党在国统区文化界的统一战线组织，为宣传抗日救亡作出了重大贡献。现在，第三厅旧址在武汉市第十四中学内修缮复原，搜集了许多珍贵资料作展陈。

中共代表团成员周恩来（左三）、王明（左四）、博古（左一）、叶剑英（左二）在武汉合影

5. 内迁企业转运枢纽

1936年到1937年，武汉在抗战前夕的工业发展势头不错，大大小小的企业有700多家。到1938年10月25日武汉弃守前，从武汉搬离的有登记的外地和本地民营工厂共计304家，加上公办企业20家，合计324家。搬迁机器设备和物资十万余吨，转移技术人员和熟练工人一万余人。这些经过千辛万苦搬迁到内地的企业，70%都在内地重新开工，不仅为抗日大后方工业发展奠定了基础，源源不断为抗日前线生产输送了各种物资，并且促进了迁入地经济社会的发展，为支援持久抗战、争取抗日战争的胜利作出了巨大贡献。有一种说法是，这些企业跟随政府支持抗战，他们的功劳和前线战士浴血奋战的功劳是一样的。

负责工厂物资转运的民生公司总经理、国民政府交通部次长卢作孚

汉口一家大型烟厂工人集合,准备撤离武汉

面对日本侵略者"三个月灭亡中国"的狂妄野心与凌厉的军事进攻,英法美等同盟国或避祸旁观,或妥协退让,只有兵力和设备都较弱的中国军队在苏联空军的援助下率兵御敌,与强悍的日军浴血奋战。在中华民族危难之际,武汉再次显示出勇担大任、砥柱中流的英雄胆略。

三、武汉英雄城市品格的来源分析

前面我通过武昌首义以及武汉抗战两个事例对武汉城市精神品质进行了讲解,接下来对武汉城市精神品格的来源进行分析。一座城市的精神品格,基本上来源于城市的地理环境、城市的性质和功能,还有城市的历史进程和文化积淀,更多地取决于城市居民的价值观和处事态度。武汉英雄城市的品格主要来源于以下三个方面。

一是战争兵燹的洗礼。武汉位于华中腹心,踞有长江天险,上通巴蜀,下联皖赣,襟带两粤,遥引豫秦,号称"九省通衢",自古为兵家必争的战略要地。无论是巩固长江中游,掩护长江下游,北上中原,西进川陕,下取江淮吴越,武汉都是不二之选。武汉从盘龙城、却月城开始就是著名的军事重镇,尽管唐宋以后逐渐扩展了经济、文化功能,尤其是唐宋以后,文人墨客在武汉地区留下的诗文比较多,但军事重镇的基本性质没有改变。近代以后,武汉又成为中国内陆最大的对外开放港口城市,现代化工业基地,轮船、火车、汽车等现代运输的枢纽,对国内外的影响力大幅扩大,战略地位进一步提高。辛亥革命前,孙中山对武汉情有独钟,认为武汉的战略地位十分重要。到民国初年,他一直坚持中国的首都应该建立在武汉。他认为"武汉绾

毂南北,控制长江上下游,如能攻占,也可据以号召全国,不难次第扫荡逆氛"。

另一著名革命党人宋教仁到武汉来以后提出:"中国苦满政久矣。有英雄起,雄踞武昌,东扼九江,下江南,北出武胜关,断黄河铁桥,西通蜀,南则取粮于湘,击鄂督之头于肘,然后可以得志于天下。"他跟孙中山的观点一样,认为武汉这个地方非常重要。

武汉从古到今就是战略要地,是群雄逐鹿之地。汉末三国争战,魏晋南北朝攻守,宋元鄂州的争夺血战,元末明初到明末清初以及近代的无数次战争,淬炼、雕塑了武汉城市的铁血英雄气质。

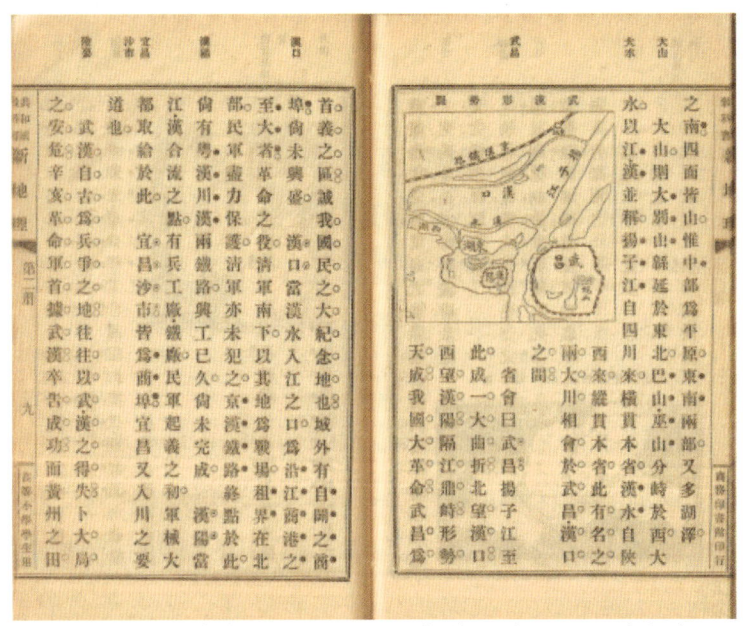

1912年,商务印书馆出版的高等小学地理教科书介绍武汉战略地位

二是洪涝灾害的磨难。武汉地处江汉合流，又是众湖包围之地，历来洪涝灾害频仍。武汉城市和武汉人民为了生存发展，在长期与洪涝灾害斗争的过程中养成了勇立潮头、处乱不惊的勇敢豪迈性格。

武汉大学研究历史地理的专家石泉先生认为，在宋元以前，长江和汉江的汇合地区应该是整个江汉平原。从古代到近代以来，武汉市区的长江航道逐渐从汉口向南摆动。比如天兴洲原来是两边都可以行船，但是随着长江主航道向南摆动，其北面基本上已经不能够行船了。可以看出长江和汉江的汇合地区在中古时代或远古时代，在整个江汉平原占了很大面积。

所以武汉一直到近代基本上都是被水所包围的城市。19世纪60年代为了防御太平军，清军在今天武昌马家庄以东地区建了一个外郭。这个外郭离城墙比较远，实际上是一道城壕，它沿东湖一直建到南湖。这时武昌城西边就是天堑长江，南边是南湖，东边是东湖和沙湖。这样一个城市面临的最大问题就是洪水泛滥。民国时期，有历史记载的就有1931年大水。中华人民共和国成立后，武汉又经历了1954年和1998年两次洪水。1998年，面对汹涌滔天的洪水，守堤人员立下"人在堤在""誓与大堤共存亡"的悲壮誓言，形成了"万众一心、众志成城，不怕困难、顽强拼搏，坚韧不拔、敢于胜利"的抗洪精神，谱写了一曲又一曲人定胜天的悲壮凯歌，这既是武汉英雄城市的一种体现，也进一步内化为武汉城市精神的重要基因。洪水带来的磨难对武汉城市以及武汉市民的性格进行了重塑，这是武汉英雄城市品格的一种重要来源。

三是英雄传统的积淀。武汉的英雄气节，可以追溯到春秋战国时期，楚族、楚国及楚文化中"筚路蓝缕，以启山林"的开拓精神及"楚虽三户，亡秦必楚"的刚劲秉性。汉唐以来，武汉一直是军事战略要地，屡次成为群雄争霸的战场。近代以来，武汉风云际会，三次成为全国政治中心舞台，在关系中国前途命运的重大历史事件中扮演主要角色。这些英勇悲壮的铁血历史，积淀转化为武汉城市和武汉人民的英雄气魄。英雄的传统，历史的积淀，也是武汉英雄城市的重要来源之一。

沧海横流方显出英雄本色。一个国家或民族可以涌现成千上万的英雄，但世界上可以称为英雄城市的寥寥可数。武汉就是这样一座罕见的英雄城市。我们为生活工作在武汉这样一座英雄城市而感到光荣骄傲，也要为武汉这座英雄城市的建设发展贡献力量，增光添彩！

（2022年12月9日）

后　记

2022年，武汉市地方志编纂委员会办公室与长江日报报业集团联合举办10期主题为"打造新时代英雄城市"的方志讲堂系列讲座。《方志讲堂集萃（第四辑）·打造新时代英雄城市》书籍编辑工作同步启动。

2017年创办的"方志讲堂"，至2022年5月已连续举办6年，共举办讲座53期，已经成为市地方志办培育方志人才、传播方志文化、坚定方志自信的特色品牌和建言资政的有效载体。《方志讲堂集萃》同步出到第四辑，始终坚持专业性与通俗性相结合，在文稿整理时尽量保留授课人的语言风格，力求使专业内容表达得生动浅显，令读者易懂、爱读。本书相较于前三辑，一是更加重视图片的使用，结合讲座内容辅以更多有价值的历史图片，增强读者的感性认识；二是新增了每期讲座的二维码，读者可扫码在线观看视频，更有身临其境之感。

本书文稿整理工作由市地方志办方志编审处陈迟、杨美、邹璇等完成。陈迟、杨美完成全书初步统稿，张昀审核统稿。何黎明、刘阳参与了部分文稿整理，在此表示衷心感谢。

本书的编纂工作得到了市地方志办领导班子的高度重视，党组成员、副主任吴明堂审改书稿，党组书记、主任王筱武终审定稿。

  由于文稿涉猎专业较广较深，在本书编辑过程中可能存在疏漏之处，还请广大读者批评指正。

编　者
2023 年 5 月